JN271938

文章産出スキル育成の心理学

﨑濱秀行 著 Hideyuki Sakihama

ナカニシヤ出版

はじめに

　情報化社会の進展の中で，今日，インターネットを介した情報収集や情報発信の機会が年々増加している。中でも，ブログ等を通じた情報の「発信」の機会は，今までとは比べ物にならないほど増加したと言えよう。このような傾向はますます強まると予想される。そのため，これからの時代を生きる私たちにとって，文字を通じてメッセージを「発信」するためのスキル，すなわち，メッセージの発信に必要な「書く」力を身につけることは必要不可欠であろう。

　このような時代の中，学校教育においては学習指導要領に基づき，「思考・判断・表現力」の育成が強く求められている。これを受け，教科の違いにかかわらず，様々な事項を「書く」，あるいは「書いた」ことがらを他者に「伝える」機会が増加している。また，初等・中等教育に限らず，本書が対象とする高等教育課程（主に大学）でも，日本語表現に関する授業を通じて「書く」ことが従来に比べて重視されている。その中でも「情報伝達型」の文章を書くスキルを高めることを目的とした教育を行うことが求められている。

　しかしながら，情報伝達型の文章を書くスキルを高めるとは言っても，「何」を「どのように」すればスキルを高めることにつながるのであろうか。長年課題となっているにもかかわらず，未だに有効な方略が見出されていない。このことは大きな問題であると言えよう。

　本書は長年課題となっているこの問題に焦点を当て，研究を続けてきた成果をまとめたものである。

　まず第1章，第2章では先行研究の概観を通し，文章産出スキルの高い書き手は低い書き手に比べ，文章に記載する内容の取捨選択，内容同士のつながりを重視しているという知見が得られていることを示す。その上で，先行研究の問題点，本書で取り上げる内容（研究内容）を示す。

　続けて第3章では書き手が文章を書くことに関して有しているメタ認知的知識に着目する。そして，文章産出スキルの高い書き手の方が「伝わりやすさ」という内容的側面に関連したメタ認知的知識を重視している一方，実際の文章

産出場面ではメタ認知的知識の活用度合いに関して厳しいモニタリングを行っていることを示す。続けて第4章では、文章産出スキルの高い書き手と低い書き手の文章産出活動や産出文章の違いに着目する。そして、文章産出スキルの高い書き手が内容的側面、とりわけ内容情報の精選や選択情報の組織化を行っていることを示す。

こうした知見を踏まえ、第5章では、書き手自身の内容情報の選択や選択情報の組織化に関する活動を促すにはどのような外的操作を行えばよいか、という点について検討する。具体的には、字数制限を課し、産出字数を短くする、という操作を行い、その効果を実験的に検討する。その上で、産出字数を短く制限するということが、内容的側面（内容情報の選択・情報の組織化）に関する活動を促す上で有益であることを示す。さらに第6章では、こうした内容的側面に関する活動を困難なく行えるようになる上で、字数制限文を繰り返し書くことが有益であること、それは文章産出スキルの高さに関わらず有益であることを示す。

これらの成果を踏まえ、第7章では本書の研究で得られた知見の総括、考察を行った上で、今後の課題を示す。

本書はいわゆる「文章術」の伝授を目的とはしていない。あくまでも、文章産出スキル育成を図る上で必要なことは何かについて、実証的な検討を重ねてきた結果をまとめたものである。そのため、文章術に関する本をお探しの方にとっては物足りないであろう。また、文章産出という用語が使われてはいるが、本書が対象としているのは「情報伝達型」の文章であり、中でも、ある事実を他者に伝えるというものである。しかも、文章産出にあたっては、基になる情報を資料という形で提示している。そのため、書くべき内容を一から考えるという、実際の文章産出場面とは大きく異なる部分が多い。学術研究の成果をまとめたものであるがゆえ、これらの課題を抱えていることについてはご容赦いただきたい。

加えて、本書を一度読むだけですぐに文章産出スキルが上達する（しかも、ジャンルを問わず上達する）というものではない。この点にもご留意いただきたい。本書の第6章で取り上げるように、やはり最終的には文章産出練習を繰り返すことが有効であろう。ただ、繰り返して実際にどのような変化が見られ

るのか，という点を実証的に検討したという知見は今まであまり得られていないこともあり，ここに本書刊行の意義があると考えている。

　本書を刊行するにあたっては，ナカニシヤ出版　宍倉由高氏・山本あかね氏から多大なご支援をいただいた。校正を行うごとに，細部にわたるまで原稿をチェックしてくださり，数多くの有益なご助言を賜った。両氏のご支援がなければ本書の刊行は実現には至らなかったであろう。この場をお借りして厚くお礼申し上げたい。

　なお，本書の刊行にあたっては，独立行政法人日本学術振興会平成24年度科学研究費補助金（研究成果公開促進費）の助成を受けた（課題番号245216）。

目　次

はじめに　i

1　各教育課程における文章産出教育の現状 ─── 1

1-1　「文章産出」とは　1
1-2　文章産出が担う役割　2
1-3　文章産出教育の現状および課題　3
　　1-3-1　初等・中等教育課程における文章産出教育の現状　3
　　1-3-2　高等教育課程における文章産出教育の現状　4
1-4　高等教育課程における文章産出教育の内容および実践例　5
1-5　文章産出教育が抱えている課題　7

2　学生の文章産出スキル育成に必要なことがらの検討および全体的目的 ─── 9

2-1　文章産出プロセスモデルの概観　9
2-2　文章産出スキルの高い書き手と低い書き手の違いの検討　16
　　2-2-1　書き手自身の内的プロセスに焦点を当てた知見　16
　　2-2-2　書き手の文章産出活動や産出文章などに焦点を当てた知見　17
　　2-2-3　文章産出スキル育成を目的とした外的介入や外的操作に関する知見　20
2-3　問題の所在　20
2-4　全体的目的　23

3 書き手のメタ認知の側面に関する検討 ―――― 25

3-1 本章の目的　25
3-2 書き手の持つメタ認知的知識についての予備的検討　27
3-3 書き手の持つメタ認知的知識の構造についての探索的検討　28
3-4 書き手が持つメタ認知的知識の重視度合いについての検討　30
3-5 総合的討論　39

4 書き手の文章産出プロセスや産出文章に関する検討 ― 43

4-1 本章の目的　43
4-2 方法および調査手続き　44
4-3 結　果　46
4-4 考　察　50

5 字数制限を課すことの効果に関する検討 ―――― 53

5-1 本章の目的　53
5-2 方　法　56
5-3 結　果　57
5-4 考　察　63

6 字数制限文産出練習を繰り返すことの効果に関する検討 ―――― 67

6-1 本章の目的　67
6-2 繰り返し書くことが書き手の文章産出スキルの変化に及ぼす影響（1）　70

6-3 繰り返し書くことが書き手の文章産出スキルの変化に及ぼす影響（2）
―教育実践初期の文章産出スキルの高さの違いを踏まえた検討― 76

6-4 総合的討論　80

7　総合的討論 ─────── 83

7-1 本書における研究で得られた知見の整理　83
7-2 各章において明らかになったこと　83
7-3 内容的側面に関するスキル育成の重要性　86
7-4 字数制限を課し，産出可能字数を短くすることの効果　87
7-5 字数制限文を繰り返し書くことの効果　89
7-6 今後の課題　90

引用文献　93
Appendix　99
あとがき　107
初出一覧　111
索　引　113

1 各教育課程における文章産出教育の現状

　第1章の目的は，高等教育課程に在籍する学生（本書では，大学生・大学院生・専門学校生を指すものとする）の文章産出スキルを育成する場合，どのような側面のスキルを育成することが重要であるのか，また，示された重要な側面についてのスキルを育成するためにどのような教育的介入を行う必要があるのかについて，先行研究の概観などを通して検討することである。また，検討結果を踏まえて，本研究の全体的な目的を示すことも本章の目的である。

1-1 「文章産出」とは

　日常生活の中で，我々は「読む」・「書く」・「聞く」・「話す」といった活動を通して，自然言語によるコミュニケーションを他者との間に交わしている。心理学辞典（中島ほか編，1999）では，こうした自然言語によるコミュニケーションで使われる複数の語や文のまとまりの総体を「談話」と定義している。また，談話は（1）情報の媒体（文字媒体：文章（またはテクスト）／音声媒体：会話）および（2）理解面／産出面の2つの側面それぞれにさらに下位区分されており，各々の次元に含まれる事項の組み合わせにより，「文章理解」・「文章産出」・「発話理解」・「発話産出」の4つの研究領域に大分される。このように，談話に関する研究領域は大きく4領域に分かれるが，本書で対象とするのは，「文字媒体」と「産出面」の組み合わせである「文章産出」の領域である。文章産出は，国語教育あるいは教育心理学領域の一部で「作文」と記される場合もあるが，本書では，心理学辞典の定義に即した形で，「文章産出」という語を用いる。

1-2 文章産出が担う役割

　文章産出という活動は，先に述べたように，我々の日常生活とも関わりが深い活動の一つである。活動内容は年代によっても異なることが予想されるが，たとえば手紙を書く，レポートを書く，物事を忘れないようにメモをとる，手帳に書き込む，といったことが挙げられる。遠藤（1991）は短大生を対象として行った調査を通じて，文章産出の役割について，「表現する」「伝達する」「記憶する」「考えをまとめる」といった側面があることを述べている。また，書き方を知ることの重要性についても述べており，「なぜ書き方を知らなければならないか」という質問に対しては，「必要・常識」，「意思伝達」という回答が得られたことを指摘した。このように，様々な役割を持つ文章産出は，後で述べるように，初等教育から高等教育までの各段階において重視されつつある。特に近年では，意思伝達（コミュニケーション）の道具として文章を利用する，という点が重視されている。電話などの発達に伴い，文章の重要性は一時期低下したが，近年では情報化社会の進展により，電子メールやホームページの利用者が急増したことから，今やコミュニケーションの手段として文章を利用することが必要不可欠になってきている。そのため，これからの社会を生きる上で，文章を書くスキル（以下，「文章産出スキル」と表記）の育成を図ることは極めて大切である。しかし，文章産出スキルの育成を考える上では，少なくとも，（1）どの教育段階において文章産出スキル育成のための教育を行うことが急務であるか，（2）どのようなジャンルの文章を書くスキルの育成が必要であるか，（3）育成が必要な文章産出スキルの中身は一体どのようなことがらであるのか，以上3点について明確にしておく必要があろう。そこで，まずは，各教育課程における文章産出教育の現状，および内容について述べる。本研究では，小学校から大学・大学院・専門学校までの教育課程を，「初等・中等教育課程」・「高等教育課程」の2課程に分類した上で，それぞれの課程における文章産出教育の現状，および課題を挙げる。教育課程を2分類にしたのは，学習指導要領発刊の有無を基準にしたことによる。

1-3　文章産出教育の現状および課題

1-3-1　初等・中等教育課程における文章産出教育の現状

　初等・中等教育の中ではこれまで，書くことがあまり重視されてこなかった。たとえば，工藤（2002）は中等教育課程における国語科について触れ，学校教育ではこれまで，書くことがあまり重視されていないことを指摘した。しかし，近年の情報化社会の進展に伴って，学校教育の中でも文章を書くスキル育成のための教育が重視されるようになってきた。たとえば，文部省[1]（1993）は，中学校国語科の作文に焦点を当てた資料を公刊し，その中で，「情報化などの社会の変化に対応するため，目的や意図に応じて適切に表現する能力の育成を行う」ことを方針として示した。また，現行以前の学習指導要領においても既に，小学校から高等学校までの国語科で文章を書く力を高めるための教育を強化する旨の内容が盛り込まれていた（文部省，1999a，1999b，1999c）。さらに，市毛（1998）は，小学校における文章教育についての提言を行い，その中で特に，言語をコミュニケーションの道具として使うという側面に着目し，発信型の情報伝達を目的とした文章産出に関する教育の必要性を挙げている。実際，こうした情報伝達を目的とした文章を書くための教育実践が盛んになりつつあり，小学校では文章を使った対談の実践（佐内，2000），高等学校では，記者会見ごっこで得られた資料から新聞の原稿を作成する実践（小田和，2000）が報告されるまでになった。

　このような実践が行われる中で，文化審議会（2003）より，「これからの時代に求められる国語力」についての答申が出された。その中で，「書く」側面においての「目指すべき国語力の目安」については，①自分の考えや意見などを正確に伝える論理的な文章を書くことができる，②伝統的な形式や書式に従った手紙や通信などの文章を書くことができる，③様々な情報を収集して，それに基づいて明確な文章を書くことができる，という3点が重要であることが指摘された。岩間（2004）はこれらの目安に関して，①「書く力」についての付けたい力を，場面を想定しながら絞りをかけている，②「論理的な文章」

---

[1] 現文部科学省であるが，ここでは発刊当時の名称を用いている。以下に出てくる「文部省」の表記も同様である。

を書くことを重視している，③「情報処理」の観点が盛り込まれていることを述べている。また，国語科における「書く」活動について，①書く活動は，相手意識や論理的思考を育成するのに最も大事な学習であること，②書くことは学習の軌跡が残るので，評価規準を絞ってあれば，評価がしやすく次への指導の手だてを取りやすいこと，③「話すこと・聞くこと」，「読むこと」など，言語の4技能の他の技能育成のための学習とも関連づけて授業を組み立てやすい，という点にも触れている。

二石（2004）は，高等学校における国語教育に着目し，現行の学習指導要領においても重視されている「確かな学力（自分で課題を見付け，自ら学び，主体的に判断し，行動し，よりよく問題を解決する資質や能力を指す。「生きる力」を構成する要素の一つでもある）」を生徒に身に付けさせる上で「課題を見付ける」ために主体となる自己の「問題意識」を育てることの重要性に触れ，その際に自分の考えを文章にまとめる力を育成する指導こそが重要であると述べている。

なお，現行の学習指導要領においては，児童・生徒の思考力・判断力・表現力を育むこと，そのために，言語に関する能力の育成を図る上で必要な言語環境を整え，児童生徒の言語活動の充実を図ることが重視されている（文部科学省，2008a，2008b，2010）。

1-3-2　高等教育課程における文章産出教育の現状

初等・中等教育課程においては，「書く」ことを実際の教育場面に取り入れることの重要性を学習指導要領に記載することで，文章産出教育重視の姿勢を示している。一方，高等教育課程においては学習指導要領が存在しないため，文章産出教育を重視することに関する公的な記述があまり見られない。しかしながら，小野（1998）が文章産出教育を基礎教育の中で1つの科目として取り入れる大学が年々増加していることを指摘したように，初等・中等教育課程同様，教育場面において文章産出活動重視の方向性が採られている。たとえば私学高等教育研究所（2003）は，大学での勉学を支えるための日本語表現法，アカデミック・スキルズの導入教育など，広義の「日本語」の教育が，ほとんどの大学で何らかの形で実施されていることを述べている。特に初年度を中心に，

日本人大学生に向けて以下のような教育が実践されつつあることを述べている。

①転換教育（大学入学前から入学後の勉学・生活への移行をスムーズに行うための教育）
②補習教育（大学での勉学に欠けている学力や知識を補う教育）
③アカデミック・スキルズ教育（大学での勉学に必要な論理的思考力，表現力，情報収集能力などの基礎能力の育成）
④導入教育（専門の基礎知識を導入しながらアカデミック・スキルズを高める教育）

このような教育が展開される理由として，三宅・堀口・三原・筒井（2004）は，日本人大学生の日本語力，思考力低下を指摘する声が年々高まっていることを挙げている。

では，日本語の中でも文章産出に関しては実際にどのような教育が行われているのか，という点について，いくつかの実践例を紹介する。

1-4　高等教育課程における文章産出教育の内容および実践例

本項では，高等教育課程における文章産出教育について，実践例を交えながら紹介する。

筒井（2005）は，日本語表現法の授業について取り上げ，その目的について次のように述べている。日本語表現法とは，大学の初年次において，読む・書く・聞く・話す，などのアカデミック・スキルズを少人数の演習形式で実践する講義，と定義づけを行った上で，その特徴について以下の事項を挙げている。

①担当者が「国語」の専門家ではない（「ことば」の非専門家が中心である）
②講義形式が少人数の実習主体のものである
③文法的な「正しさ」や「美しさ」といった「国語」ではなく，情報や意見をわかりやすく伝える「コミュニケーションとしての日本語」を教えるものである

こうした日本語表現法に関する授業の中では「書く」（文章産出）ことが取り扱われる場合もあるが，この点について濱名（2004）は，「大学入学後2ヶ月間で一年生の自信が最も改善するのが文章作成能力である」という調査結果を基に，文章作成能力は他の能力や意識を改善するよりも容易であることを述べている。また，この能力が大学の講義で強く求められる能力であることについても文章産出を取り上げる意義として挙げている。

では実際に，大学ではどのような教育がなされているのかについて，筒井（2005）を基に，3大学における先進事例を挙げる。

（1）A大学の実践例

A大学では，1年前期に必修として，日本語表現法が開講されている。300名の履修者を9クラスに分け，言語担当（日本語・英語）教員5名と専門学科教員10名によるティームティーチングを行っている。その中で，レポート作成，スピーチ練習，グループ練習を行っている。また，講義の際には，以下の点について留意している。

①読み手と書き手の視点を意識させる
②文章の各過程に対するメタ認知――振り返り――をする
③多数の学習者に，自分で問いを切り出し，主張を構築する過程の体験――ワークシート提出，題目を自分で作らせる
④専門での学習につながる言語能力としての動機づけ――ティームティーチング，テーマを制限する

このようにして，学生の表現力を向上させている。

（2）B大学の実践例

B大学では教育・学習支援センターによる共通教育の実施を受けて，1年生（文学部，経済学部）の前期の必修科目として教養ゼミナールを開講している。この中で，受講者800名を41名の教員で担当している。講義内容としては，言語技術，学習スキル（ノートとり，図書館），自己理解，学生参加型学習を取

り入れている。

（3）C大学の実践例

　C大学では教育推進センターによる日本語リテラシー科目の提供を行っている。1クラスを45名に制限し，そこを教員1名とTA2名で担当し，要約，読解，経験の交流，読書指導，論説文の書き方などを実習している。

　このような形で，各大学において，文章産出をはじめとした日本語表現に関する教育が行われている。文部科学省（2004）の調査では，情報活用能力の育成に関する科目，心身の健康に関する科目，専門教育の基礎科目および社会的・学問的な主題等についての科目を開設している大学は，国立99校，公立75校，私立512校あることが示されている。

　このように，現在多くの大学において日本語表現法科目や基礎演習科目が設けられている。また，こうした教育の成果という面についても僅かながら検討が加えられている。向後（2002）・吉倉（1999）は，文章産出に関する教育を実施した結果について，学生から好評価を得ていることを報告した。しかし，教授法，教材，教育内容などにおいて学問的な裏づけを欠いたままでの教育実践が行われている，との指摘も見られる。

1-5　文章産出教育が抱えている課題

　1-3および1-4で挙げたように，初等教育から高等教育のいずれの段階においても文章産出教育が重視される方向にある。しかし，文章産出教育は現在，次のような3点の課題を抱えていると言えよう。

　1点目は，どのようなジャンルに関する文章を書くスキルの育成が必要であるか，という点である。初等・中等教育課程においては，市毛（1998），小田和（2000），佐内（2000）のように，情報伝達型の文章を書く教育を行うことの重要性が指摘されている。同様に，高等教育課程においても情報伝達型の文章の産出教育を行うことの重要性が指摘されている。吉倉（1997，1999）は大学における文章教育について触れ，今後の情報化社会に対応するため，客観的事実や状況を正確に伝えること，自分の意見や意図を筋道立てて述べるような，

情報伝達型の文章（以下，情報伝達文と記述する）の書き方を学ぶことが重要であると主張している。筒井・山岡（1999）も，大学教育における課題の一つとして，人に事実を伝える形の文章を書く教育の必要性を挙げている。そこで，第3章以下では，この「情報伝達文（特に，人に事実を伝える形の文章）」を用いた調査および実験の成果を紹介する。

　2点目は，教育を行う対象者である。先行研究においては，初等・中等教育課程において文章教育が現実に重視されていることが示されている。一方で，高等教育課程については，文章産出に関する教育が重視されつつあることの指摘は見られるものの，初等・中等教育課程に比べてカリキュラム整備が進んでいないことが示されている。このことから，本書では，高等教育課程（専門学校を含む）に在籍する学生を対象とした研究の成果を取り上げる。

　3点目は，文章産出教育を行う上で，特にどのような側面に関する文章産出スキルを育成する必要があるか，という点である。先行研究により，情報伝達文産出スキル育成を重視する指摘は見られるのに対して（筒井・山岡，1999；吉倉，1997，1999），（1）学生が実際に文章を書く場合，文章産出活動のどの部分に着目すれば良いのか，（2）着目した活動を効率的に行うために，指導者はどのような外的介入や外的操作を行えば有効であると言えるのか，といった，文章産出スキルの指す中身やスキルの育成方法についてはほとんど焦点が当てられてこなかった（崎濱，2003b）。結果として，吉倉（1999）が指摘するように，大学で文章産出教育を行う場合，担当者がそれぞれに試行錯誤を重ねながら教育を続けているのが現状である。このような課題を抱えていることは，今後の文章産出教育を円滑に進めていく，あるいは学生の文章産出スキルの育成を図る上でも好ましくないことであると言えよう。

　以上の課題を踏まえ，本書では，産出スキルの育成が必要なジャンルを「情報伝達文」とし，「高等教育課程（ただし，専門学校を含む）の学生」を対象に行った調査や実験の成果を紹介する。その上で，次章では，育成が必要な文章産出スキルとはどのようなことがらであるか，また，それらのことがらをどのようにして育成することが可能であるか，という点について，先行研究の概観を通して検討する。

2 学生の文章産出スキル育成に必要なことがらの検討および全体的目的

　文章産出スキル育成を図る上で必要なことがらを検討するため，本章ではまず，文章産出に関する先行研究を概観し，これまでに明らかにされたことを示す。その上で，先行研究で明らかにされていない点について触れ，本書の全体的目的を述べる。

2-1　文章産出プロセスモデルの概観

　本節ではまず，文章産出という活動がどのような活動であるかを明確にするため，主に認知心理学領域で示された文章産出プロセスに関する代表的なモデルを紹介する。

(1) Rohman (1965) の文章産出プロセスモデル

　文章産出プロセスに関するモデルは，先行研究の中でもいくつか見られる。その中でも初期に呈示されたものとして取り上げられるのは，Rohman (1965) のモデルである。Rohmanは，文章産出という活動が「構想を練る」ことに始まり，「文章化」，「読み直し・推敲」へと進んでいくというプロセスであることを指摘した。ゆえに，これらの活動が直線的に進むということについても述べている。しかし，1970年代以降の認知心理学の発展に伴い，文章産出プロセスはもっと複雑なものであること，実際には文章化しながらも構想を練る，といった形で，各々の活動を相互作用させながら文章を産出していること，などが指摘されるようになった。

(2) Flower & Hayes (1980), Hayes (1996) の文章産出プロセスモデル

Flower & Hayes (1980) は，文章産出活動が「作文過程」・「課題状況」・「書き手の長期記憶」という主に3つの側面から成り立ち，3側面が相互に作用しながら文章産出がなされることを指摘している（FIGURE 1 参照）。

まず，「作文過程」とは，構想化，文章化，推敲などを行う過程である。この過程では，文章の構想を練る，あるいは目標を設定する，といった活動を行った上で，活動で得られたことがらを文章に置き換えた後，推敲や書き直しを行う。書き手は，これらの過程をモニターしつつ，互いの活動を相互作用させながら文章を産出する。

次の，「課題状況」とは，「話題は何か」，「読者は誰か」，および，産出された文章に関することがら（産出結果が，目標，読者にとって適切であるか）を検討する，といった活動を行う過程である。

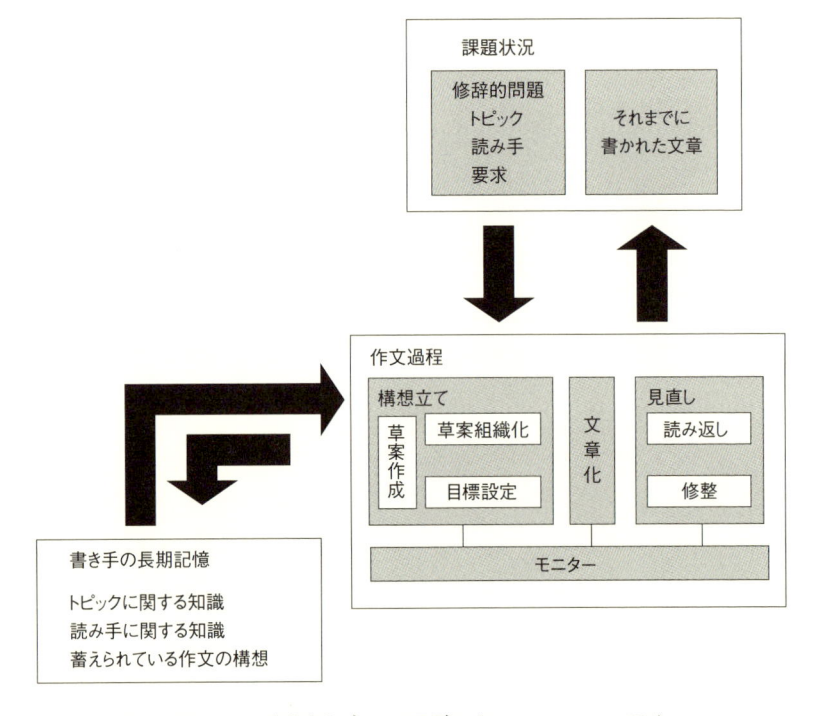

FIGURE 1　文章産出プロセスモデル（Flower & Hayes, 1980）

そして，3つめの「書き手の長期記憶」の部分は，読み手や読者について，書き手自身が持っている情報を長期記憶から引き出す，という活動を指している。Flower & Hayesによると，こうした下位プロセスが相互に作用しあって文章産出が行われることになる。

なお，Hayes（1996）は後に，Flower & Hayesが示したモデル（FIGURE 1）に改良を加え，「認知過程」「記憶」「動機／情動」といった下位プロセスから構成される「個人」側面，「社会的環境」「物質的環境」から成る「課題環境」側面の2側面から成る文章産出プロセスモデルを提唱した（FIGURE 2）。その中で，各下位プロセスが複雑に相互作用しながら文章産出活動がなされることを示した。モデルの解説については，岸・吉川（2008）が詳細な検討を加え

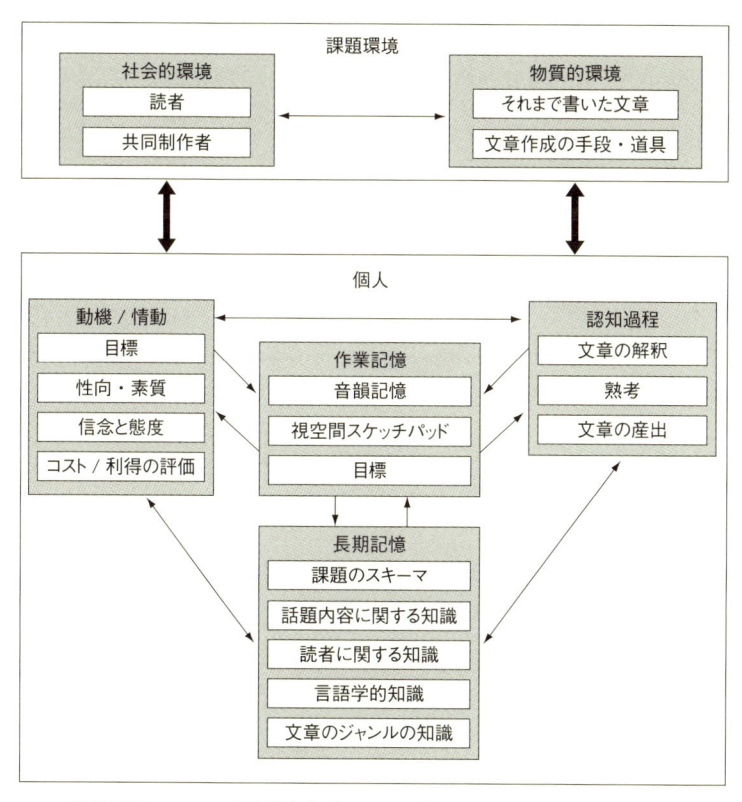

FIGURE 2　Hayesの文章産出プロセスモデル（岸・吉川，2008を一部修正）

ている。

（3）Bereiter & Scardamalia（1987）の文章産出プロセスモデル

　Bereiter & Scardamalia（1987）は，以下のモデルによって非熟達者と熟達者の文章産出プロセスに違いが見られることを指摘した。

　非熟達者の場合，題材（課題）が与えられた時，まずは課題に関しての表象を形成する。たとえば「男の子と女の子は同じチームでスポーツすべきか」（「」自体が内的表象）といったものである。これを基に，トピック（たとえば少年，少女，素人のスポーツ，男女間の平等性など）やジャンル（または談話）（たとえば意見を述べるなど）を設定し，それらを手がかりとした記憶の探索，関連事項の想起を行う。そして，想起したことが適切であればそれを書きとめておき，不適切ならば再び別の手がかりを探すことになる。このようにして，たとえば「男の子と女の子は同じチームでスポーツをするべきではない」といった形に内的表象が更新される。ただし，ここでは主に「何を書くか」に関心が集中しており，全体としての整合性等は意識されていないという。Bereiter & Scardamaliaは，こうした非熟達者の文章産出プロセスをKnowledge-telling model（知識表出モデル：杉本，1989）として提唱した（FIGURE 3参照）。

　一方，熟達者の文章産出プロセスの場合，下位過程に知識表出プロセスを含んではいるものの，非熟達者とは異なるとされる。たとえばある書き手が，議論を構築する上で「責任」の概念を明確にする必要があったとしよう。明確にするというのは修辞的なことがらであるが，この場合，「『責任』がどのような内容を指すか」を考えるという意味では内容的な問題を扱っていることにもなる。これをFIGURE 4に置き換えると，概念を明確にすることは修辞学的問題空間に含まれ，これを問題の翻訳によって内容的問題空間に置き換えたことになる。各問題空間では背景となる知識とのやりとりも行われている。また，これとは反対に，内容的問題空間に存在する事項を，問題の翻訳によって修辞学的問題空間で取り扱う場合も見られる。このように，内容的問題空間と修辞的問題空間とを適宜行き来させながら，「何をどのように書くか」を吟味し，その上で記憶検索等を行いながら文章を産出することになる。Bereiter & Scardamaliaは，このような熟達者の産出プロセスをknowledge-transforming

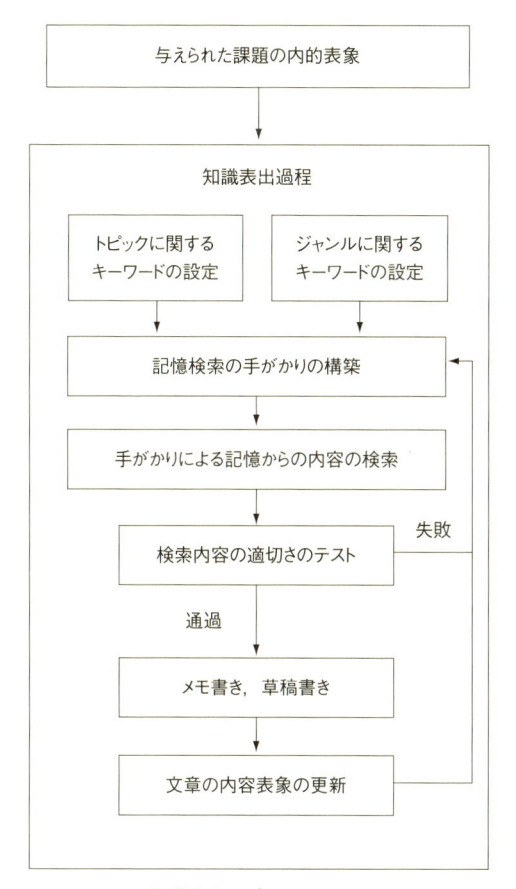

```
                  ┌──────────────────────┐
                  │  与えられた課題の内的表象  │
                  └──────────┬───────────┘
                             ↓
    ┌────────────────────────────────────────────┐
    │                知識表出過程                    │
    │  ┌──────────────┐      ┌──────────────┐    │
    │  │ トピックに関する │      │ ジャンルに関する│    │
    │  │ キーワードの設定 │      │ キーワードの設定│    │
    │  └──────┬───────┘      └──────┬───────┘    │
    │         ↓                     ↓             │
    │       ┌──────────────────────────┐  ←──┐   │
    │       │   記憶検索の手がかりの構築   │     │   │
    │       └────────────┬─────────────┘     │   │
    │                    ↓                   │   │
    │       ┌──────────────────────────┐     │   │
    │       │ 手がかりによる記憶からの内容の検索│     │   │
    │       └────────────┬─────────────┘     │   │
    │                    ↓          失敗      │   │
    │       ┌──────────────────────┐─────────┘   │
    │       │   検索内容の適切さのテスト  │             │
    │       └────────────┬─────────┘             │
    │                 通過↓                       │
    │       ┌──────────────────────┐             │
    │       │    メモ書き，草稿書き     │             │
    │       └────────────┬─────────┘             │
    │                    ↓                       │
    │       ┌──────────────────────┐             │
    │       │   文章の内容表象の更新    │             │
    │       └──────────────────────┘             │
    └────────────────────────────────────────────┘
```

FIGURE 3　知識表出モデル（杉本，1989を一部修正）

model（知識変形モデル：杉本，1989）として提唱した。

（4）Kellogg（2008）の文章産出プロセスモデル

　Kellogg（2008）は，文章産出スキルの熟達を視野に入れたモデルを提唱した（FIGURE 5）。Kelloggによると，まず，文章産出スキル熟達には，knowledge-telling（知識表出），knowledge-transforming（知識変形），knowledge-crafting（知識加工）の3つの段階があり，20年以上にわたる教育やトレーニングを経て最終段階に至るという。知識表出（段階）および知識変

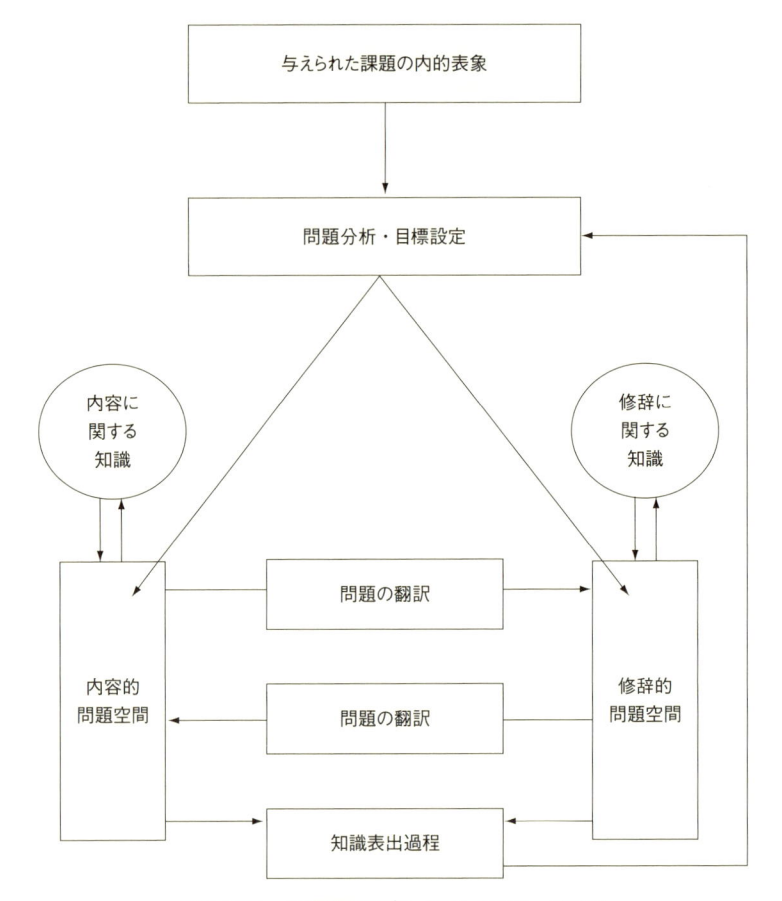

```
┌─────────────────────────┐
│    与えられた課題の内的表象    │
└─────────────────────────┘
            │
            ▼
┌─────────────────────────┐
│    問題分析・目標設定        │◄──────┐
└─────────────────────────┘        │
        ╱       ╲                  │
       ╱         ╲                 │
   ╭─────╮     ╭─────╮             │
   │内容に│     │修辞に│             │
   │関する│     │関する│             │
   │知識 │      │知識 │             │
   ╰─────╯     ╰─────╯             │
      ↕           ↕                │
  ┌──────┐ ┌────────┐ ┌──────┐    │
  │      │◄│問題の翻訳│►│      │    │
  │内容的 │ └────────┘ │修辞的 │    │
  │問題   │ ┌────────┐ │問題   │    │
  │空間   │◄│問題の翻訳│►│空間   │    │
  │      │ └────────┘ │      │    │
  │      │ ┌────────┐ │      │    │
  │      │►│知識表出過程│◄│      │──┘
  └──────┘ └────────┘ └──────┘
```

FIGURE 4　知識変形モデル（杉本, 1989を一部修正）

形（段階）についてはBereiter & Scardamalia（1987）で提唱されていたものに対応するが，Kelloggは新たに知識加工という段階を提唱した。知識加工段階においては，書き手はただ自身が伝えたい内容を文章化し，文章が自分の言いたいことであるか否かを確認するだけでなく，その文章を読み手の立場から理解できるかどうかについても検討するという点が加わる。

（5）文章産出プロセスモデルから示されることがら

　様々な文章産出プロセスモデルで示されたように，書き手は様々な活動を相

2-1 文章産出プロセスモデルの概観

```
知識表出段階              知識変形段階              知識加工段階

・内容想起に限定された
  構想立て
・最小限の見直しを伴っ
  た構想立てと文章化
                                                   産出文章

                         書き手  産出文章         書き手  読み手

          書き手         ・構想立て・文章化・見   ・構想立て・文章化・見
                          直し過程間の行き来      直し過程間の行き来
                         ・書き手の書いた文章に   ・書き手の書いた文章に
                          関する見直し            関する見直し
                                                 （読み手の立場からの
                                                  見直しを含む）

                    10   文章産出練習年数（年）  20
```

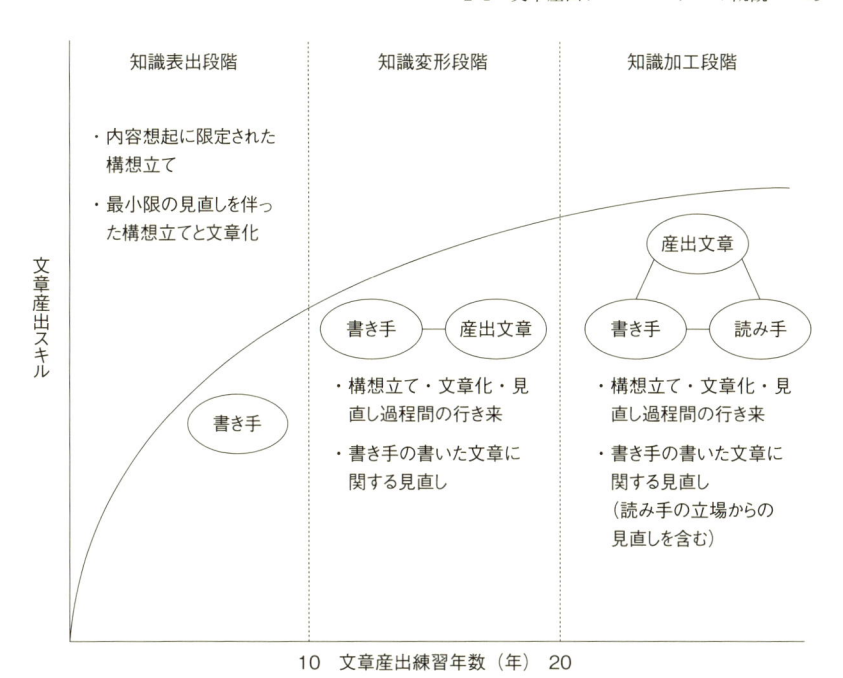

FIGURE 5　文章産出スキルの認知発達段階モデル（Kellogg, 2008）

互作用させながら文章を産出している。しかも，種々の活動をかなり複雑に相互作用させながら活動しているとの指摘も得られている（Ransdell & Levy, 1996）。また，文章産出スキルの高さの違いによってプロセスやプロセス中における活動にも何らかの違いが見られることが示唆された。そこで，次節では，（1）文章産出スキルの高い書き手と低い書き手との間では文章産出活動や産出文章に何らかの違いが見られるのか，（2）違いが見られるとすればどのような違いであるか，という点について検討を加える。その際，先行研究を①自己効力感やメタ認知といった内的プロセスに焦点を当てた知見，②外的に捉えることが可能な書き手の文章産出活動や産出文章の中身の違いに焦点を当てた知見，という形で2側面に分類し，各々についての概観を行う。

2-2 文章産出スキルの高い書き手と低い書き手の違いの検討

2-2-1 書き手自身の内的プロセスに焦点を当てた知見

まず，書き手の自己効力感やメタ認知といった内的プロセスに焦点を当てた知見を取り上げる。「内的側面」に関する先行研究では，自己効力感，メタ認知等がキーワードとして取り上げられたが，自己効力感が学習者の課題遂行成績に影響を与えることについては，算数に関する研究を中心に明らかにされている。Bandura & Schunk（1981），Schunk（1981, 1982, 1984）は，小学生の算数学習に関する研究を行った。そして，自己効力感の高い学習者ほど学業成績が高くなることを示した。また，Pajares & Miller（1994），Pajares & Miller（1995），Pajares（1996）では，自己効力感が学業成績を規定する変数であることが示唆された。こうした自己効力感が学習の成果に及ぼす影響については，算数のみならず，文章産出領域でも検討がなされた。Zimmerman & Bandura（1994）は，文章産出教育を受けている大学生を対象に行った調査や文章産出課題によって得られたデータを分析し，書き手の自己効力感を高めることが文章産出スキル上昇にも影響を及ぼすことを報告した。

このように，自己効力感の重要性を示す知見が得られてはいるが，学習活動において自己効力感を高める上では，そのために必要な学習方略（文章産出方略）の習得も無視できない。たとえば，Humes（1983）は，文章産出スキルの高い書き手と低い書き手を比較検討し，スキルの高い書き手の方がプランニングのプロセスに時間をかけていることを明らかにした。Scardamalia, Bereiter, & Steinbach（1984）は，小学生（文章産出の「非熟達者」）と大学生（文章産出の「熟達者」）とを比較し，文章産出プロセスにおける活動の違いを検討した。その結果，熟達者の場合，書く内容を決めて実際に文章化した後，それが自分の書こうとした内容であったかどうかを検討することが可能であるのに対し，非熟達者の場合，書いたものを吟味することが不可能であることを明らかにした。ただし，「○○を付け加えることで，このことをもっと詳しく説明できる」，「そのことをもっと簡単に言うと……」といった，文章の完成度を高める上での外的な手がかりを与えた場合，非熟達者であっても文章が自分の言いたいことを表しているかどうかを確かめられるようになる，との報

告も見られる。このように，文章産出スキルの程度によって産出文章の中身を吟味できる度合いに違いがあるという，書き手の文章産出プロセスにおける活動の違いを示した知見が得られている。

　これらの知見および文章産出プロセスに関する知見を踏まえると，文章産出スキルの高い書き手が低い書き手に比べて文章産出方略に関する知識を数多く持っていること（Ferrari, Bouffard, & Rainville, 1998），および，産出スキルの高い書き手の方がよりゴールを見据えていることが考えられる（Zimmerman & Kitsantas, 1999）。すなわち，読み手の予備知識を把握し，その知識に対応した文章を作成していることが考えられる。こうした活動が可能になるためには，自らの文章産出活動の進め方に関する知識，また，産出活動を効果的に進めるための方法に関する知識，さらに，その際，特にどういった側面を重視する必要があるかという，自身の活動をコントロールし，適切に実行する能力が必要になる。これらのことがらはメタ認知的知識やメタ認知的活動と呼ばれている（三宮，2008）が，文章産出活動においては学習者（書き手）自身が適切なメタ認知的知識を持ち，日ごろから重視しておくことが大切である。また，実際の文章産出の際にそれらを上手く活用することができるスキルを身につけることも大切であろう。

2-2-2　書き手の文章産出活動や産出文章などに焦点を当てた知見

　次に，書き手の文章産出活動や産出文章の違いに焦点を当てた知見を取り上げる。Ferrariら（1998）は，大学生がカナダのある2つの都市を比較した文章について検討を加え，文章産出スキルの高さによる産出文章の違いについて検討を加えた。その結果，文章産出スキルの高い書き手が書いた文章の方が全体の産出字数が長くなることを報告した。同様の結果は，McCutchen, Covill, Hoyme, & Mildes（1994），McCutchen, Abott, Green, Beretvas, Cox, Potter, Quiroga, & Gray（2002）でも得られている。また，Flower & Hayes（1980），Berninger, Vaughan, Rogan, Brooks, & Graham（1997），McCutchen（1996）は，熟達者と非熟達者を比較し，非熟達者の場合，文章産出活動において，生み出した内容を言語化・文章化するプロセスの流暢さが欠けていることを報告した。また，それゆえに，文章産出活動によって課される様々な要求を扱うことがで

きないことを指摘した。逆に言えば，こうした流暢さを獲得することが産出文章の質を高めるためには必要であると言える（Bereiter & Scardamalia, 1987；McCutchen & Perfetti, 1982）。Berningerら（1997），McCutchen（1996），McCutchenら（1997, 2002）の知見では，小中学生が研究の対象者となっているが，高校生・大学生といった成人の書き手を対象とした研究でも同様のことを示す知見が得られている（Benton, Kraft, Glover, & Plake, 1984）。

さらに，課題のジャンルに関して書き手の持っている知識量の違いに触れた知見も得られている。McCutchen（1994）は，ジャンルに精通することにより，文章に書く内容の選択の際に長期作業記憶へのアクセスが容易になることを見出した。また，McCutchen（2000）は，ジャンルに精通することによって，書き手が文章を書く際に，「誰に向けて文章を書くか」という部分への知識を広げることを見出した。すなわち，読み手に応じて適切な語彙や統語を選択できる度合いが高まる（Langer, 1992）ことを主張したとも言える。

これまでに挙げた知見を踏まえると，文章産出スキルを高める上では，課題のジャンルに関する知識，すなわち，内容的側面（Scardamalia et al., 1984）が影響を与える要因であることが考えられる。文章産出プロセスに関する研究（Flower & Hayes, 1980；Hayes, 1996）によると，文章産出の際，書き手は，①書く内容の生成（長期記憶から必要な情報を引き出す），②挙げた内容の取捨選択，内容同士のつながりの検討，③実際の文章産出，④書いた文章の推敲，といった活動を行いながら文章を完成させることが知られているが，いずれのプロセスにおいても書き手自身が課題に関して持っている知識が関与することが考えられる。

では，内容に関する知識については先行研究でどのように扱われてきたのであろうか。Voss, Vesonder, & Spilich（1980）は大学生に対し，野球のゲームに関する文章を産出するよう求めた。そして，野球についてどのくらい知っているかを基に参加者を分け，参加者の産出文章を比較検討した結果，野球をよく知る書き手の文章の方が高い評価を得た。この知見が妥当であるとすれば，課題に対する知識がない書き手に知識を与えた場合，その書き手の産出文章に対する評価は上昇し，野球をよく知る書き手との評価に違いが見られないことが考えられる。しかし，知識量の多少が問題ではなく，持っている知識の中か

ら必要な内容情報を取捨選択し，それらを効果的に構成することが重要であることを示した知見も得られている。岸・綿井（1997）は大学生を対象にしてテニスのゲーム進行の手続きについて書くという文章課題を行ったが，その際，テニス経験者が文章を書くと，読み手がゲームのルールを理解していることを前提として説明を簡略化する傾向があり，産出文章はむしろわかりにくくなることが示された。このことから，知識量ではなく，むしろ知識の中から適切な情報を取捨選択することの方が大切であると言えよう。実際，岸・綿井（1997）以外でも，情報の取捨選択の重要性が示されてきた。van der Hoeven（1999）は11・12歳児を対象に文章産出課題を行い，文章産出プロセスの初期においてアイディアを産出し，中盤でそれらの情報の取捨選択を行って文章をまとめた書き手（児童）の文章が高い評価を得たこと，高い評価を得た書き手は，内容情報の取捨選択の際に情報の中身をよく吟味していたことを明らかにした。また，Langer（1984）は，書き手が持っている知識量よりもむしろ，持っている知識をまとめることや，並べ替えて文章化することが産出文章の質に強く影響することを示した。さらに，こんな知見も得られている。Humes（1983）は，文章産出スキルの高い書き手と低い書き手を比較検討し，スキルの高い書き手の方が，「プランニング」に時間をかけていることを明らかにした。Scardamaliaら（1984）は，小学生（文章産出の「非熟達者」）と大学生（文章産出の「熟達者」）とを比較し，文章産出プロセスにおける活動の違いを検討した。その結果，非熟達者の場合，書く内容を決めて実際に文章化した後，それが自分の書こうとした内容であったかどうかを検討することが困難であることを明らかにした。また，Fitzgerald & Markham（1987）は，書き手の推敲過程について検討し，熟達者の方が非熟達者に比べ，内容に関連した書きなおしを行うことを明らかにした。さらに，McCutchen, Francis, & Kerr（1997）は，文章産出スキルの高い書き手の場合，推敲する時に産出テキストのマクロ構造（Kintsch, 1988；Kintsch & van Dijk, 1978）に着目しており，推敲の1回目でさえも，全体のまとめとなっている部分をよく吟味していることを示した。同様の結果は，Durkin（1978-1979），Brown（1976），Teale & Sulzby（1985），Fitzgerald & Teaslet（1986），Englert, Stewart, & Hiebert（1988），Langer（1986）でも示されている。

2-2-3 文章産出スキル育成を目的とした外的介入や外的操作に関する知見

　文章産出スキルの高い書き手と低い書き手の文章産出活動や産出文章における違いについて検討を加えた知見が得られている一方で，文章産出スキルを育成するには書き手にどのような介入や操作を行えば有効であると言えるか，という側面からの検討もいくつかなされている。たとえば，杉本（1991）は大学生を対象にして文章産出課題を行った。その際，「自分（書き手自身）がペット好きであるとして，動物が嫌いでペットを飼う人の気が知れないと思っている人に向け，ペットのことについて書いてください」という教示を与え，読み手を意識した上で文章を産出するよう求めたところ，書き手は内容，文章全体の構成，表現を非常に吟味することを見出した。しかし，杉本（1991）とは反対の結果を示す知見も得られている。佐藤・松島（2001）は中学3年生の被験者を対象に，数学で扱う図形の描き方の手続きを説明する文章の産出を求めた。その際，「読み手として中学1年生を想定する」ことを求める群を設定し，産出文章に及ぼす影響を検討した。しかし，こうした教示を与えたことの効果は見られなかった。また，﨑濱（2003c）は専門学校の学生を対象に，オカピという動物を紹介する文章を産出するよう求めた。その際，読み手として20歳程度の人（書き手と同年代）を想定する群，および高校1年生を想定する群を設け，両条件下で書かれた文章の違いを検討した。しかし，記載情報の中身，文章の総合得点など，いずれの側面においても群間の違いは見られなかった。このことから，教示によって読み手の知識状態や内容理解の程度が十分に想定できない場合，読み手を意識することを伝えてもその効果が見られないことが考えられる。実際に，書き手からのフィードバックを受けた上で再度文章を書くと，産出文章の質に改善が見られた，とする報告もある（岸・綿井, 1997）。

2-3　問題の所在

　2-2において示された知見をまとめると，まず，高等教育課程に在籍する学生の文章産出スキル育成を考える上では，文章の中でも特に内容的側面（内容情報の取捨選択・内容情報同士のつながり）に関する活動を促すことが重要になると考えられる。また，こうした内容的側面に関わる活動を促す外的操作としてどのような方略が有効であると言えるのか，という点について検討を加

えることも重要であると考えられる。

これらの点について検討を加える上では，以下に挙げることがらについて実験や調査を通じて明らかにしていくことが必要であろう。

①文章産出時において書き手が重視するメタ認知的知識やメタ認知的活動の側面に違いが見られるのか
（文章産出スキルの高い書き手の方が低い書き手に比べて，内容的側面に関連したメタ認知的知識を重視しているのかどうか）
②文章産出スキルの高い書き手の方が内容的側面に関連したメタ認知的知識を重視しているとすれば，そのことはメタ認知的モニタリングやメタ認知的コントロールといったメタ認知的活動を通じて実際の産出文章に反映されていると言えるかどうか
③内容的側面に関する活動を促すためにはどのような外的操作を行えば有効であると言えるのか
④外的操作によって促された活動を定着させるにはどのような方略をとることが有効であると言えるのか

しかしながら，先に挙げた4点については先行研究の中で十分に検討されてきたとは言えず，文章産出領域における知見の確立を図る上では大きな問題であると言える。

まず，①文章産出スキルの高い書き手の方が低い書き手に比べて，内容的側面に関連したメタ認知的知識を重視しているのかどうか，という点について考える。佐藤・松島（2001）のように，読み手について考えることの重要性を主張した研究，あるいは岸・綿井（1997）のように，読み手の知識状態を把握することの重要性を指摘した研究は存在する。しかし，そうした活動を支えているメタ認知的知識が全体としてどのような構造をなしているのかは明らかにされていない。また，文章産出スキルの高さによって，メタ認知的知識の重視度合い，あるいは，実際の文章産出場面でメタ認知的知識を活用する度合い（メタ認知的モニタリング/メタ認知的コントロール）に違いが見られるのかどうかについても今まであまり検討されていない。大学や専門学校といった高等教

育場面では,近年,文章表現を中心とした日本語運用能力育成が大きな課題となっている。それにもかかわらず,このような現状を抱えていることは大きな問題であると言えよう。今後の教育を効果的に進めていく上でも,先に述べた問題点を明らかにすることは極めて重要である。

　次に,②文章産出スキルの高い書き手の方が内容的側面に関連したメタ認知的知識を重視しているとすれば,そのことは実際の産出文章に反映されていると言えるかどうか,という点について考える。文章産出スキルの高さによる産出文章の違いについてはいくつか検討がなされてきたが,その多くは産出字数などの修辞的側面に関する事項であった。また,岸・綿井(1997)では内容情報の取捨選択の重要性が指摘されてはいるものの,産出文章そのものの中身について検討を加えた上で指摘されたものではなく,読み手の評価だけを基にした指摘であった。このことから,実際の産出文章中における内容情報量や重要な情報の含有量に何らかの違いが見られるのか,といった量的な点に関する検討についても行う必要があろう。同時に,量的な点に対応するメタ認知的モニタリングやメタ認知的コントロールがどの程度なされていたと考えられるのかについても検討する必要があろう。

　その次に,③内容的側面に関する活動を促すためにはどのような外的操作を行えば有効であると言えるのか,について考える。先行研究で得られた知見を踏まえると,書き手に対して外的介入や操作を行う場合には,読み手が当該の話題に関して知っている内容や表現を吟味することができるような外的介入や外的操作を行うことが求められると言えよう。この点を考えると,岸・綿井(1997)のように,読み手から直接フィードバックを得る,といった方略を用いることは有効であるように思われる。しかし,実際の教育場面において書き手の文章に対するフィードバックを与えてくれる評価者を探すことは困難であろう。また,仮に評価者を探せたとしても,文章産出を行う度に毎回フィードバックを与えてくれるという状況の設定は極めて困難であることが予想される。さらに,今日の情報化社会の中での情報伝達文産出場面については,書き手が自分一人で文章を産出するという状況が多いことが考えられる。これらの点を踏まえると,書き手が他の人からのフィードバックを受けることなく,自ら内容情報の取捨選択や内容情報の組織化を行う,という状況を考慮した上で

の外的介入もしくは外的操作を行うことが必要になる。しかしながら，これらの点を考慮した知見は今までに得られていないことから，④外的操作によって促された活動を定着させるにはどのような方略を取ることが有効であると言えるのか，という点についての検討も進んでいるとは言えない。

2-4 全体的目的

2-3で挙げられた問題点を踏まえ，本書においては以下の事項を検討する。

まず，第3章においては，文章産出スキルの高い書き手が低い書き手に比べて内容的側面に関するメタ認知的知識を重視しているのか，という点について検討を加える。具体的には，まず，書き手が文章産出に際して重視しているメタ認知的知識の中身について，自由記述質問紙による調査を通じて見出す。次に，メタ認知的知識が全体としてどのような構造をなしているのかを，調査で得られた回答結果の分析を通じて検討する。その上で，（1）文章産出スキルの高さによって重視するメタ認知的知識の側面に違いが見られるのか，（2）違いが見られるとすればどのような側面において違いが見られるのか（文章産出スキルの高い書き手の方が内容的側面に関するメタ認知的知識を重視しているのか），（3）重視する側面は実際の文章産出の際に活用されているのか，といったことがらについて検討を加える。

第4章では，「文章産出スキルの高い書き手の方が内容的側面に関するメタ認知的知識を重視している」ということが実際の産出文章に反映されているのかどうかについて，大学生・専門学校生に課した文章産出課題で得られた文章の分析結果を基に検討を加える。その際，書き手が文中において使用した内容情報の重要度についても考慮し，重要度の高い情報やあまり高くない情報をどの程度使用したのかについても検討する。同時に，書き手の選択情報の適切さ，情報同士のつながりの適切さ，といった点についても検討する。

第5章では，情報の取捨選択や情報同士のつながりを考えるといった内容的側面に関する活動を促すのに有効な方略について検討する。本章においては，その1つの方略として「字数制限」を取り上げ，字数制限を課して産出可能字数を短くすることが内容的側面に関する活動を促すのに有益であるかどうかについて検討を加える。

そして，第4章・第5章の結果を踏まえ，第6章では，内容的側面に関する活動を円滑に行うスキルを高めるために有効な方略について検討を加える。本章では，大学1年生を対象にして「字数制限文産出の練習を繰り返す」という教育実践を行い，（1）実践の初期と終期では内容的側面に関する活動を円滑に行うスキルに違いが見られるかどうか，（2）違いが見られるとすれば，元々書き手が持っている文章産出スキルの違いに関わらず同じようにスキルの上昇が見られるのか，といった点について検討する。

　以上の内容を踏まえ，第7章の総合的討論では，第1章～第6章までで示された成果をまとめると同時に，「内容的側面に関する活動を円滑に行うスキル育成の重要性」，「字数制限を課し，産出可能字数を短くすることの効果」，「字数制限文を繰り返し書くことの効果」についての考察を行う。また，今後の検討課題も併せて提示する。

　なお，本書は高等教育課程に焦点を当てているため，調査や実験に参加する書き手は高等学校卒業以上の学生とした。また，文章産出スキルの中でも特に内容的側面に焦点を当てており，書く内容について書き手の間で既有知識の量や質の違いが生じることを防ぐため，学生に文章産出課題を課す際には，当該の内容について箇条書きした資料を用いた。第3章・第4章においては「オカピ」という動物について紹介した資料（AppendixA参照）を，第5章においては「モーリタニア」という国について紹介した資料（AppendixB参照）を用いた。

3 書き手のメタ認知の側面に関する検討

3-1 本章の目的

本章の目的は，文章産出スキルの高さの違いが生じる原因の一つと考えられる，書き手のメタ認知の側面に焦点を当て，以下の事項を検討することである。

① 大学生・専門学校生が文章産出活動に関してどのようなメタ認知的知識を有しているのか
② 予備調査（自由記述質問紙への回答結果の分析）を通じて明らかになったメタ認知的知識が全体としてどのような構造をなしているのか
③ 文章産出スキルの高さによって重視するメタ認知的知識の側面に違いが見られるのか
④ ③において違いが見られるとすれば，どのような側面に違いが見られるのか

　文章を書く際，どのような書き手であっても，「一文の長さを短くする」，「論点を明確にして書く」，「他の人がみてもわかりやすい文の構成にする」など，何らかの側面に留意しながら文章を書いていると考えられる。これらの事項は，書き手が自身の文章産出活動を効果的に進める，あるいは効果的に進められているかどうかを把握する際に行っている活動であり，一般に，メタ認知的モニタリングあるいはメタ認知的コントロールと呼ばれている（これらを「メタ認知的活動」と総称することもある（三宮，2008））。教授学習場面においてメタ認知が学習者の学習の結果に影響を及ぼすことは，国語の文章理解（田中，1992）や算数の文章題解決（岡本，1992）を扱った先行研究でも示されている。

たとえば田中（1992）は，精神遅滞児を対象に，物語の理解過程について検討を加えた。そして，自身の既有知識，物語の構造性といった，何かを手がかりにして読んでいくというメタ認知的な知識，あるいは，読む過程で課題を行うのに有効な方法を用いるなど，自身の活動を調整するメタ認知的コントロールが理解に大きな役割を果たすことを示した。岡本（1992）は，小学生を対象に算数の文章題課題を行い，ワークシートやインタビューを行いながら，課題遂行結果の予想，問題の理解，問題解決に対するプランニング，問題遂行，結果への評価について検討した。その上で，課題得点の高い児童ほど，これらのプロセスを正確にモニタリングしていることを明らかにした。

　これらの点を踏まえると，文章産出の場合も，書き手自身が何らかのメタ認知的知識を持ち，それらを実際の文章産出活動で活用する（メタ認知的モニタリング/メタ認知的コントロールを行う）ことが重要であると考えられる。しかし，文章産出の場合，（1）書き手が具体的にどのようなメタ認知的知識を有しているのか，（2）有しているメタ認知的知識が全体としてどのような構造をなしているのか，（3）文章産出スキルの高さによって重視するメタ認知的知識の側面に違いが見られるか，といった点についてさえ，これまでほとんど注目されてこなかった。佐藤・松島（2001）のように，読み手について考えることの重要性を主張した研究，あるいは岸・綿井（1997）のように，読み手の知識状態を把握することの重要性を指摘した研究は存在する。このことから，書き手が何らかのメタ認知的知識を有し，実際の文章産出場面でそれらを活用していると考えることができよう。しかしながら，メタ認知的知識の具体的な中身や全体としての構造については明らかにされていない。三宅ら（2004）が指摘したように，高等教育場面においては近年，日本人学生の日本語運用能力（文章表現の能力など）の育成が大きな課題となっている。それにもかかわらず，このような現状を抱えていることは大きな問題である。教育改善を促し，学生の日本語運用能力の効果的な育成を図るためにも，まずは先に述べた問題点を明らかにすることが必要不可欠，かつ喫緊の課題であると言えよう。

　これらの問題点を踏まえ，本章ではまず，書き手が持つメタ認知的知識としてどのようなことがらが挙げられるのかを，大学生・専門学校生を対象にした予備調査結果を通じて明らかにする。次に，大学生・専門学校生に対して調査

を行い，メタ認知的知識の全体構造について探索的に検討を加える。その上で，文章産出スキルの高さにより重視するメタ認知的知識の側面に違いが見られるかどうか，それらの側面は実際の文章産出場面においても活用されているのかどうか，といった点を検討する。

3-2　書き手の持つメタ認知的知識についての予備的検討

【目　的】

　本節の目的は，大学生や専門学校生が情報伝達文を産出することに関してどのようなメタ認知的知識を有しているかについて，自由記述式質問紙への回答を求め，回答結果の収集・精選を行うことである。

【方　法】

　調査参加者　　大学生・大学院生・専門学校生43名（男性25名，女性18名，平均年齢19.7歳）

　調査内容　　自由記述質問紙により，「普段，文章を書く場合，どんなことを重視していますか」，「情報伝達文を書く場合，どんなことを重視していますか」ということがらを尋ね，参加者に対し，質問事項に自由に回答するよう求めた。

　調査手続き　　調査参加者には，授業時間を利用して質問紙を配布し，各々の事項に対する回答を求めた。

【結　果】

　得られた自由記述を電子データ化した後，心理学を専攻する大学院生3名が下記手続きで分類した。まず，106項目の自由記述について，同じ意味のものを集約して54項目に絞った。次に，54項目全てに対し，本研究における調査項目として使用することに関する内容的妥当性を3名が独立に吟味した。その結果，14項目について，3名全員が「妥当である」という判断を下したため，この14項目を調査において使用することとした。最終的に，各項目を次節の調査の目的に合う形に修正し，質問項目として使用した（各々の項目についてはTABLE 1参照）。

3-3　書き手の持つメタ認知的知識の構造についての探索的検討

【目　的】

　本節の目的は，予備調査で得られた項目で構成された尺度を用いて，書き手の持つメタ認知的知識の全体構造について探索的に検討を加えることである。

【方　法】

　調査参加者　大学生・専門学校生351名（男性169名，女性182名，平均年齢19.6歳）

　調査材料　メタ認知的知識の全体構造を把握するため，予備調査の結果を基に作成された質問紙を使用した（項目はTABLE 1 参照）。質問紙の中身は14項目で構成される。

　調査手続き　調査参加者には質問紙を配布し，情報伝達文を産出する場合，各項目についてどの程度重視するかを5件法（「まったくあてはまらない（1）」～「非常によくあてはまる（5）」）で評定させた。

【結果と考察】

　回答を求めた14項目を用いて因子分析を行った。因子の抽出には主因子法を用いた。また，因子数は，固有値1以上，因子負荷量0.40以上という基準を設け，さらに解釈可能性も考慮して3因子とした。プロマックス回転後の因子パターンおよび因子間相関をTABLE 1 に示した。

　第1因子は，13「まとまりのある文章を書く」，7「文として成り立っている」などの項目が高い負荷量を示した。文章全体を伝わりやすくするという事柄に関連した項目で構成されていることから，「伝わりやすさ」因子と命名した。

　第2因子は，3「読む人が内容に興味を持ってくれるように書く」，2「最後まで読んでもらえるように書く」などの項目が高い負荷量を示した。読み手が興味や関心を持つ内容を選ぶことに関連した項目で構成されていることから，「読み手の興味・関心」因子と命名した。

　第3因子は，12「難しいことは書かない」，5「難しい漢字や熟語を使わない」などの項目が高い負荷量を示した。文章を簡潔にするという修辞的な側面に関

TABLE 1　書き手のメタ認知的知識の構造に関する因子分析結果（主因子法プロマックス回転後）

	項　目	第1因子	第2因子	第3因子	平均値（標準偏差）
13	まとまりのある文章を書く	0.83	0.00	-0.03	3.70 (0.99)
7	文として成り立っている	0.83	-0.07	-0.05	3.86 (0.97)
8	論点を明確にして書く	0.79	0.01	-0.10	3.77 (1.00)
9	分かりやすい内容にする	0.76	0.01	0.11	3.93 (0.91)
6	他の人がみてもわかりやすい文の構成にする	0.72	0.11	0.03	3.74 (0.96)
14	文章全体の流れを自然にする	0.67	0.11	0.05	3.67 (0.98)
3	読む人が内容に興味を持ってくれるように書く	-0.01	0.90	-0.01	3.26 (1.06)
2	最後まで読んでもらえるように書く	0.17	0.63	0.04	3.39 (1.00)
1	読む人が持っている知識や体験にひきつけて書く	-0.04	0.60	-0.03	2.73 (1.00)
11	自分が聞く（読む）側ならどこがどのくらい知りたいかを考える	0.31	0.42	-0.01	3.35 (1.16)
12	難しいことは書かない	-0.09	-0.03	0.74	3.13 (1.04)
5	難しい漢字や熟語を使わない	-0.03	-0.04	0.70	3.32 (1.01)
4	嫌にならずに読めるような「軽い」文章にする	-0.06	0.25	0.57	3.17 (1.07)
10	文を短くする	0.32	-0.12	0.55	3.39 (0.99)
	因子間相関		F 2	F 3	
		F 1	0.47**	0.18*	
		F 2		0.22***	

* : $p<.05$ *** : $p<.001$

連した項目で構成されており，「簡潔性」因子と命名した。

次に，下位尺度ごとにα係数を算出したところ，「伝わりやすさ」因子から順に0.90，0.70，0.76と十分な値が得られ，尺度としての内的整合性は確認されたと言える。このことから，情報伝達文を産出することに関して書き手が有するメタ認知的知識の側面には，「伝わりやすさ」，「読み手の興味・関心」，「簡潔性」という3側面が存在することが考えられる。Scardamaliaら（1984）は，書き手のメタ認知的知識として修辞的側面，内容的側面の2側面があることを示したが，本研究ではScardamaliaらのような2側面は見出されなかった。しかし，「伝わりやすさ」・「読み手の興味・関心」因子に含まれる項目が内容的側面を重視したもの，「簡潔性」因子に含まれる項目が修辞的側面を重視したものであると解釈すれば，結果はScardamaliaらの知見を支持する方向にある

と言える。そこで3-4では，大学生・専門学校生を対象に，実際に文章産出課題を行い，文章産出スキルの高さにより重視するメタ認知的知識の側面に違いが見られるかどうか，などの点を検討する。

3-4 書き手が持つメタ認知的知識の重視度合いについての検討

【目　的】

　本節では，（1）文章産出スキルの高さにより，重視しているメタ認知的知識の側面に違いが見られるのかどうか，（2）文章産出スキルの高さにより，実際の文章産出時におけるメタ認知的知識の活用度合い（以下ではメタ認知的活動と表記）への自己評価の程度に違いが見られるのかどうか，（3）読み手は書き手のメタ認知的知識の活用度合いをどう捉えているのか，といったことがらを検討する。

【方　法】

(1) 文章産出課題の実施

　調査参加者　　大学生・専門学校生115名（男性37名，女性78名，平均年齢19.5歳）。

　調査材料　　①質問紙1，②文章産出課題冊子，③質問紙2，の3点である。

　①質問紙1は3-3における調査で用いたものと同じである。

　②文章産出課題冊子は，表紙1枚，「オカピ」に関する資料3枚（AppendixA参照），原稿用紙1枚，白紙2枚から成る。「オカピ」に関する資料の作成に当たっては，大百科事典（下中編，1984），日本大百科全集（相賀編，1985），日本百科大事典（相賀編，1963），世界大百科事典（下中編，1981）に記載されているオカピに関する記述をアイディアユニットごとに分割し，一文形式に直した。内容が同じ場合は一つにまとめられ，最終的に，全部で47項目が得られた。なお，いずれの項目についても，一文あたり一つの情報を含む形とし，「1．アフリカのコンゴ地方（の森林）に住む」，「2．体の色は保護色」のように，すべての文には通し番号がふられた。筆者および新聞コラムへの連載経験が豊富な50代男性の計2者により内容的妥当性が確認され，資料は最終的に3枚になった。なお，情報呈示の順序効果が生じないようにするため，項目はランダ

ムに並べ替えられた。

③質問紙2は，文章産出の際にメタ認知的知識をどの程度活用したかを書き手自身が自己評価（メタ認知的活動に関する自己評価）するための質問紙である。尺度は，質問紙1と同じ14項目で構成される。

手　続　き　参加者には質問紙1を配布し，情報伝達文を産出する場合，各項目について普段からどの程度重視しているのかを5件法（「まったくあてはまらない（1）」～「非常によくあてはまる（5）」）で評定させた（項目はTABLE 2参照）。

1週間後，同じ参加者に対して，「オカピ」という動物を紹介する文章の産出課題，および，文章産出活動中におけるメタ認知的知識の活用度合い（メタ認知的活動）について尋ねる質問紙調査を実施した。参加者には文章産出課題冊子を配布し，資料を参考に，30分程度でオカピを大学生程度の人に紹介する文章を産出するよう求めた（字数は200字程度を目安としたが，特に厳しい制限は設けなかった）。産出活動中，プランニングやメモの必要があれば，資料・白紙を自由に使って良いことが告げられた。時間を30分としたのは，調査が授業時間を利用して行われたためである。時間が不足する場合は延長することが認められていたが，どの参加者も30分以内で課題を終えていた。さらに，課題終了直後，質問紙2を用いて，文章産出の際，各項目に記述されているメタ認知的知識をどの程度活用したか（メタ認知的活動）を5件法（「まったくあてはまらない（1）」～「非常によくあてはまる（5）」）で評定させた。

（2）文章評定に関連した課題の実施

評　定　者　大学院生2名。本研究における調査には参加していないが，大学入学試験において，本研究における文章産出課題に類似した論述検査を経験している。

材　　料　質問紙3（メタ認知活用度合いを尋ねた質問紙2の14項目に，各文章への採点結果を加え，全部で15項目）。

評定手続き　文章産出課題によって得られた文章について，大学院生2名に評定を求めた。具体的には，質問紙3を用いて，書き手が文章を書く時，メタ認知的知識をどの程度活用したと思うかを5件法（「まったくあてはまらな

い（1）」～「非常によくあてはまる（5）」）で評定するよう求めた。また，総合得点として，各文章について，10点満点での採点も求めた。

【結　果】
（1）書き手のメタ認知的知識の構造

3-4の課題である（1）～（3）の点を検討するためには，まず，質問紙1への回答結果を基に，書き手（参加者）のメタ認知的知識がどのような構造を示しているかを知る必要がある。そこで，質問紙1への回答結果を基にして，

TABLE 2　質問紙2の因子分析結果（主因子解プロマックス回転後）N=106

	項　目	第1因子	第2因子	第3因子	平均値(標準偏差)
7	文として成り立っている	0.85	-0.15	-0.12	3.87 (0.97)
8	論点を明確にして書く	0.82	-0.07	-0.07	3.77 (1.00)
13	まとまりのある文章を書く	0.72	0.08	0.01	3.68 (0.95)
6	他の人がみてもわかりやすい文の構成にする	0.67	0.09	0.05	3.94 (0.88)
14	文章全体の流れを自然にする	0.66	-0.22	0.12	3.61 (0.98)
9	分かりやすい内容にする	0.57	0.17	0.18	4.14 (0.77)
10	文を短くする	0.30	0.62	-0.09	3.39 (1.02)
12	難しいことは書かない	-0.14	0.62	-0.07	3.60 (0.88)
4	嫌にならずに読めるような「軽い」文章にする	0.07	0.55	-0.07	3.37 (0.96)
5	難しい漢字や熟語を使わない	-0.19	0.51	-0.03	3.32 (0.94)
1	読む人が持っている知識や体験にひきつけて書く	-0.09	-0.15	0.70	3.30 (0.95)
3	読む人が内容に興味をもってくれるように書く	0.09	0.05	0.69	2.75 (1.09)
2	最後まで読んでもらえるように書く	0.11	0.04	0.35	3.64 (0.98)
	残余項目				
11	自分が聞く（読む）側ならどこがどのくらい知りたいかを考える	0.34	0.11	0.26	
		F2	F3		
	F1	0.03	0.27**		
	F2		-0.10		

** : *p*<.01

本研究における調査参加者のメタ認知的知識の構造を検討した。文章産出課題を行わなかった参加者のデータを除き，106名分のデータを用いて因子分析を行ったところ，3-3と同様に3因子構造を示した（主因子法，プロマックス回転。なお，プロマックス回転を行った結果のパターンはTABLE 2参照）。項目11「自分が聞く（読む）側ならどこがどのくらい知りたいかを考える」については，どの因子に対しても負荷量が0.35未満であるため残余項目扱いとしたが，それ以外の項目については，3-3と同じ因子構造を示した。そこで，第1因子から順に，「伝わりやすさ」因子，「簡潔性」因子，「読み手の興味・関心」因子と命名した。下位尺度ごとにα係数を算出したところ，「伝わりやすさ」因子から順に，α=0.87，0.65，0.59となった。「読み手の興味・関心」についてはやや信頼性係数が低いが，ほぼ3-3と同じ因子構造が得られていることから，以後の分析は今回得られた3因子構造（13項目）に基づいて行うことにした。

（2）産出文章の評定・参加者の群分け

大学院生2名により，文章ごとに，書き手のメタ認知的知識の活用度合いに対する評定，および文章への得点化（採点）が行われた。評定および採点は各々の評定者が独立に行い，主観的なゆがみや他者による影響は取り除かれている。採点を含め，項目11「自分が聞く（読む）側ならどこがどのくらい知りたいかを考える」を除く計14項目の評定値に対する2者の評定一致率を求めるため，2者の評定結果を用いてピアソンの積率相関係数を算出した。文章評定においては，一般的に評定者間で評定基準が異なることが多く，評定結果の一致率が低くなることが知られている（Coffman & Kurfman, 1968；Wiseman, 1949）が，ここでは2者の評定値の間に十分な相関が得られた（r=0.67）。そこで，2者が行った書き手のメタ認知的知識の活用度合いに関する評定値の平均を求め，「評定得点」とした。また，採点結果の平均を「総合得点」とした。

次に，総合得点の値（本節では，この得点の高さを文章産出スキルの高さとして扱う）を基に，上位25％の参加者を「総合得点高群（n=25）」とし，下位25％の参加者を「総合得点低群（n=22）」として，以下の分析を行った。なお，分析を進めるにあたり，平均産出字数の違いについて検討したところ，総合得

点高群が227.17字（SD=57.02），総合得点低群が247.50字（SD=77.17）であり，ウェルチの検定により産出字数の違いを検討したが，両群の産出字数の違いは有意ではなかった（t_{38}=1.01 $n.s.$）。

（3）書き手のメタ認知的知識重視度合いについて

　文章産出スキルの高さにより，メタ認知的知識重視度合いに違いが見られるのかを検討するため，下位尺度別に，質問紙の評定値を合計した（以下，メタ認知重視度得点と表記する）。そして，t 検定によるメタ認知重視度得点の群間比較を行ったところ，「伝わりやすさ」において有意差が見られ，総合得点高群の得点が高くなった。この結果を項目別に見ると，たとえば，項目8「論点を明確にして書く」，項目6「他の人がみてもわかりやすい文の構成にする」

TABLE 3　メタ認知重視度得点（（　）は標準偏差）

	項　目	総合得点 高群得点 （標準偏差）	総合得点 低群得点 （標準偏差）	t 値	
	伝わりやすさ（第1因子）	23.89 (4.02)	21.55 (3.94)	2.00	*
7	文として成り立っている	4.00 (0.96)	3.59 (0.96)	1.46	
8	論点を明確にして書く	4.04 (0.94)	3.41 (0.96)	2.28	*
13	まとまりのある文章を書く	3.76 (0.78)	3.55 (0.96)	0.84	
6	他の人がみてもわかりやすい文の構成にする	4.08 (0.91)	3.64 (0.79)	1.77	†
14	文章全体の流れを自然にする	3.80 (0.87)	3.36 (1.14)	1.49	
9	分かりやすい内容にする	4.20 (0.82)	4.00 (0.69)	0.90	
	簡潔性（第2因子）	12.16 (2.41)	14.36 (2.08)	3.33	**
10	文を短くする	2.80 (0.82)	3.86 (0.77)	4.56	***
12	難しいことは書かない	3.24 (0.88)	3.59 (0.67)	1.53	
4	嫌にならずに読めるような「軽い」文章にする	3.00 (0.91)	3.45 (0.74)	1.86	†
5	難しい漢字や熟語を使わない	3.12 (0.93)	3.45 (1.01)	1.18	
	読み手の興味・関心（第3因子）	10.36 (2.18)	9.86 (1.88)	0.83	
1	読む人が持っている知識や体験にひきつけて書く	3.60 (0.87)	3.27 (0.70)	1.41	
3	読む人が内容に興味をもってくれるように書く	3.24 (1.05)	2.73 (1.16)	1.59	
2	最後まで読んでもらえるように書く	3.52 (1.09)	3.86 (0.77)	1.23	

† : $p<.10$　* : $p<.05$　** : $p<.01$

といった項目で，総合得点高群の得点が低群よりも有意に高かった。また「簡潔性」では，総合得点低群の得点が有意に高かった。結果を項目別に見ていくと，項目10「文を短くする」，項目4「嫌にならずに読めるような『軽い』文章にする」といった項目において，総合得点低群の得点が高群よりも高くなった。しかし，「読み手の興味・関心」では群間の違いは有意ではなかった（TABLE 3 参照）。

（4）メタ認知的知識活用度合いについて

文章産出スキルの高さにより，実際の文章産出時におけるメタ認知的知識の活用度合いへの自己評価の度合いに違いが見られるのかを検討するため，下位尺度別にメタ認知的知識活用度合いに関する尺度の評定値を合計した（以下，メタ認知活用得点と表記する）。t 検定による得点の群間比較を行ったが，いずれの下位尺度および項目においても有意差は得られなかった（TABLE 4 参

TABLE 4 メタ認知活用得点（（　）は標準偏差）

	項　　目	総合得点 高群得点 （標準偏差）	総合得点 低群得点 （標準偏差）	t 値
伝わりやすさ（第1因子）		20.44 (2.80)	20.32 (4.47)	0.11
7	文として成り立っている	3.16 (0.99)	3.36 (1.05)	0.69
8	論点を明確にして書く	3.44 (0.82)	3.45 (1.01)	0.05
13	まとまりのある文章を書く	3.60 (1.22)	3.23 (1.02)	1.12
6	他の人がみてもわかりやすい文の構成にする	2.96 (0.89)	3.45 (1.14)	1.67
14	文章全体の流れを自然にする	3.60 (0.96)	3.59 (1.01)	0.03
9	分かりやすい内容にする	3.68 (0.90)	3.23 (1.07)	1.58
簡潔性（第2因子）		14.48 (2.08)	14.91 (2.64)	-0.62
10	文を短くする	3.28 (1.02)	3.36 (0.95)	0.29
12	難しいことは書かない	3.44 (0.82)	3.41 (1.01)	0.12
4	嫌にならずに読めるような「軽い」文章にする	2.80 (0.96)	2.95 (1.09)	0.52
5	難しい漢字や熟語を使わない	3.12 (1.13)	3.50 (0.80)	1.31
読み手の興味・関心（第3因子）		9.52 (1.39)	9.73 (2.25)	-0.39
1	読む人が持っている知識や体験にひきつけて書く	3.68 (1.03)	3.64 (1.05)	0.14
3	読む人が内容に興味をもってくれるように書く	3.64 (0.99)	3.95 (1.13)	1.01
2	最後まで読んでもらえるように書く	3.60 (0.82)	3.73 (0.83)	0.53

照)。

(5) メタ認知重視度得点とメタ認知活用得点との違いについて

　メタ認知的知識重視度合いと文章産出時のメタ認知的知識活用度合いとの違いを検討するため，下位尺度(「伝わりやすさ」「読み手の興味・関心」「簡潔性」)それぞれについて，メタ認知重視度得点とメタ認知活用得点との差を求め，対応のある t 検定を行った。その結果，総合得点高群では，「伝わりやすさ」においてメタ認知重視度得点の方が有意に高くなった。また，「読み手の興味・関心」については，メタ認知重視度得点の方が有意に高くなる傾向が見られた。しかし，「簡潔性」については，メタ認知活用得点の方が有意に高くなった。一方で，総合得点低群においては，いずれの下位尺度得点においても有意差は見られなかった (TABLE 5 参照)。

TABLE 5　メタ認知重視度得点とメタ認知活用得点との差に関する群間比較

下位尺度名	総合得点高群 t 値	総合得点低群 t 値
伝わりやすさ	5.18***	1.30
簡潔性	-2.67*	-0.55
読み手の興味・関心	1.88†	0.26

† : $p<.10$　* : $p<.05$　*** : $p<.001$

(6) メタ認知的知識活用度合いに対する読み手の捉え方

　読み手が書き手のメタ認知的知識活用度合いをどう捉えているのかを検討するため，群別，下位尺度別に，採点部分を除いたメタ認知評定尺度の評定値を合計した(以下，メタ認知評定値と記述する)。そして，t 検定による群間比

TABLE 6　メタ認知評定値 (( ) は標準偏差)

下位尺度名	総合得点高群 (標準偏差)	総合得点低群 (標準偏差)	t 値
伝わりやすさ	21.88 (2.03)	14.89 (2.01)	11.71***
簡潔性	13.26 (1.43)	10.36 (1.52)	6.73***
読み手の興味・関心	11.20 (2.09)	7.25 (1.72)	7.02***

*** : $p<.001$

較を行ったところ,「伝わりやすさ」,「簡潔性」,「読み手の興味・関心」いずれの下位尺度においても,総合得点高群の方が総合得点低群よりも値が高くなった（TABLE 6 参照）。

【考　察】
　3-4では,（1）文章産出スキルの高さにより,重視しているメタ認知的知識の側面に違いが見られるのかどうか,（2）文章産出スキルの高さにより,実際の文章産出時におけるメタ認知的知識活用度合いに違いが見られるのかどうか,（3）読み手は書き手のメタ認知的知識の活用度合いをどう捉えているのか,という点について検討を加えた。そこで,以下,①書き手のメタ認知的知識重視度合い,②メタ認知的知識活用度合い,③読み手側の捉え方に関する分析結果から上述の事項について考察を行う。

（1）書き手のメタ認知的知識重視度合いについて
　まず,メタ認知重視度得点（TABLE 3 参照）について検討したところ,「伝わりやすさ」において総合得点高群の得点が高く,「簡潔性」では総合得点低群の得点が高くなった。その一方で,「読み手の興味・関心」については両群の違いは有意ではなかった。このことから,総合得点高群は総合得点低群に比べ,内容的な側面を重視していたことが考えられる。具体的には,総合得点高群が重視していた「伝わりやすさ」因子の場合,「論点を明確にして書く」「他の人がみてもわかりやすい文の構成にする」など,おおむね,読み手に対して文章を「伝えよう」とする意図が見られる項目で構成されていた。このことから,総合得点高群の参加者は総合得点低群に比べ,内容的側面に留意しながら文章を読み手にわかりやすく伝えることを重視していると考えられる。一方,総合得点低群が重視していた「簡潔性」因子の場合,「文を短くする」や「嫌にならずに読めるような『軽い』文章にする」のように,文章の細部に関わることがらが中心になっており,総合得点低群の場合,全体よりも細部に関わる修辞的側面を重視していたことが考えられる。
　このように,両者が重視している側面およびその度合いには大きな違いが見られることが明らかとなったと言えよう。

（2）メタ認知的知識活用度合いへの自己評価について

次に，メタ認知重視度得点とメタ認知活用得点とを比較し，メタ認知的知識が実際の文章産出時にどの程度活用されていたのかを検討した。TABLE 5 より，総合得点高群の場合「伝わりやすさ」ではメタ認知重視度得点の方が高くなったのに対し，「簡潔性」ではメタ認知活用得点の方が高くなった。一方，総合得点低群においては，いずれの下位尺度についても有意差は見られなかった。群間にこうした違いが生じた原因として，「伝わりやすさ」に対して総合得点高群の方が厳しい評価基準を持っていたことが考えられる。すなわち，重視してはいても，文章産出時にそれらを上手く実行できたかどうかについての確信度合いが低いことが推測される。一方「簡潔性」については，総合得点高群の場合，活用できるだけのスキルを既に身につけており，実際の文章産出時においては，強く意識することなく活用可能であったと推測される。すなわち，メタ認知的モニタリング，メタ認知的コントロールが適切になされていたと言えよう。ところがこうした総合得点高群の傾向に対し，総合得点低群ではいずれの下位尺度においてもメタ認知重視度得点と活用得点との間に違いは見られなかった。これは総合得点低群において，自身のメタ認知の活用度合いを厳しくモニタリングするだけのメタ認知的モニタリングの力が身についていないことを示していると考えられる。

以上を踏まえると，実際の文章産出活動においてメタ認知的知識をどの程度活用したのか適正に自己評価することは，書き手の文章産出スキルの高さに関係なく極めて難しいと言えよう。

（3）読み手側の捉え方について

最後に，読み手側の捉え方について検討を加える。評定者に対し，書き手がメタ認知的知識をどの程度活用したと思うかについて，産出された文章を見ながら評定するよう求めた。その結果，いずれの下位尺度についても，総合得点高群におけるメタ認知評定値の方が総合得点低群よりも高くなることがわかった。したがって，評定者が総合得点高群の参加者に対して，産出活動の中であらゆる側面のメタ認知的知識を重視し，活用しているという捉え方をしていることが考えられる。すなわち，総合得点低群の書き手よりもメタ認知的モニタ

リング,メタ認知的コントロールを適切に行えていたと捉えていると言えよう。また,総合得点低群の参加者に対しては,総合得点高群ほどはメタ認知的モニタリング,メタ認知的コントロールを適切に行っていないという捉え方をしていることが考えられる。

3-5　総合的討論

　本章では,書き手が持つメタ認知的知識の構造,文章産出スキルの高さによるメタ認知的知識重視度合いの違い,メタ認知的知識活用度合いの違い,および書き手のメタ認知的知識活用度合いに対する読み手側の捉え方などについて検討した。そこで,3-3および3-4の結果を踏まえ,以下の2観点から考察を行う。

(1) 書き手と読み手との認識のズレについて
　3-3および3-4における調査および読み手の評定結果から,書き手と読み手の認識の間には大きなズレがあることが示された。まず,読み手の側は,総合得点高群の参加者は多側面にわたってメタ認知的知識を活用し,かつ,それらを有効に機能させているとみなしていた。すなわち,総合得点低群の書き手に比べてメタ認知的モニタリングやメタ認知的コントロールを適切に行っていたと捉えていたと言えよう。ところが書き手自身は,「伝わりやすさ」といった文章全体に関わる内容的側面を重視していたにすぎず,しかも,その側面を実際の文章産出場面では十分には活用できなかったと評価していた。また「簡潔性」については,メタ認知的知識としてはあまり重視していないにもかかわらず,実際の文章産出場面で活用する傾向が見られた。一方,総合得点低群の場合,読み手側からの評定結果が全般に低いにもかかわらず,総合得点高群よりも「簡潔性」を重視していた。こうした結果を踏まえると,文章産出場面で行ったとされるメタ認知的知識の活用について,読み手側と書き手側の認識が大きく異なっていることが推測される。しかし,両者の認識の違いについて,本章における調査のような形で明らかにした知見はこれまであまり得られていない。こうした実態が書き手に対する指導事項を定めることを困難にしてきたのではないかと考えられる。今後,文章産出スキル育成を図る教育をより効率

的に行うためにも，読み手である指導者はまず，書き手のメタ認知的知識重視度合いを的確に把握する必要がある。特に，彼らが「伝わりやすさ」という内容的側面，あるいは「簡潔性」という修辞的側面のどちらを重視しているかを捉えておくことは，教育効果を高める上でも必要不可欠であると言える。

（2）文章産出スキル育成に必要なこと

これまでの研究結果，および考察を踏まえ，書き手の文章産出スキル育成を図るためには一体何が必要なのかを考える。

3-3および3-4より，書き手が持つメタ認知的知識の構造として「伝わりやすさ」・「読み手の興味・関心」・「簡潔性」の3側面が存在することが示された。また3-4より，総合得点高群の書き手の場合，「伝わりやすさ」への重視度が総合得点低群に比べて高いことも示された。一方で，こうしたメタ認知重視度がメタ認知の活用度合いの自己評価にどう影響するのか検討したが，メタ認知活用得点には総合得点の高さによる違いが見られず，メタ認知的知識の活用度合いを自己評価することの難しさが示された。ところが，このような結果にもかかわらず，総合得点については総合得点高群の方が高かった（t_{45} =16.89, $p<.001$）。そこで，メタ認知活用得点の合計値を基に，上位25％を評定上位群（$n=26$），下位25％を評定下位群（$n=26$）とし，メタ認知評定値および総合得点に関する群間比較を行った。しかし，いずれの下位尺度，および総合得点においても群間に有意差は見られなかった。こうした結果を見ても，文章産出の場合，メタ認知的知識の活用度合いは適正な自己評価がされにくいと言えよう。ただし実際には，書き手は何らかのメタ認知的知識の活用を行っているものと推測される。本研究で言えば，総合得点高群は「伝わりやすさ」の側面を，総合得点低群は「簡潔性」の側面を重視しつつ，文章を書いていたことが考えられる。この結果を踏まえると，まずは本研究における総合得点低群のような書き手が「伝わりやすさ」の側面を重視することが文章産出スキル向上を図る上で大切であると言えよう。しかしながら，「伝わりやすさ」の側面を重視するためには，実際の文章産出活動で何をすればよいのか，あるいはそのことを産出文章にどう生かせば良いか，ということを明らかにし，その上で何らかの教育的介入を行う必要が出てくるであろう。そのためにはまず，総

合得点高群と総合得点低群の参加者の産出文章そのもの，および文章産出活動を実際に比較検討し，どのような側面に違いが見られるかを明らかにする必要がある。そこで，次の第4章においては，書き手の産出文章についての分析を行い，産出文章の総合得点の高さに影響を及ぼす要因について検討を加える。

4 書き手の文章産出プロセスや産出文章に関する検討

4-1 本章の目的

　本章では，第3章の文章産出課題で得られた文章および文章産出時における産出活動に関する質問紙への回答結果の分析を基に，産出文章の総合評価（総合得点）の高さに影響を及ぼす要因について検討する。

　第3章において，文章産出課題を行った際，産出文章の総合得点の高い書き手の方が総合得点の低い書き手に比べ，「伝わりやすさ」という内容的側面に関するメタ認知的知識を重視していた。また，産出文章の総合得点の低い書き手の場合は，「簡潔性」という修辞的側面に関するメタ認知的知識を重視していた。しかしながら，こうしたメタ認知的知識の各側面を実際の文章産出場面でどの程度活用していたかを尋ねても，活用度合いに関する適切なメタ認知的モニタリングは困難であることが示された。そこで，本章では，第3章の文章産出課題で得られた書き手の産出文章，および文章産出直後に実施した産出活動に関する質問紙調査の回答結果を基に，産出文章に対する総合得点の高い書き手と低い書き手との間ではどのような違いが見られるのかを検討する。

　ところで，産出文章に対する総合得点の高さによって産出文章や文章産出活動にどのような違いが見られるのかについては，これまでにもいくつかの検討がなされた。たとえばFerrariら（1998）は，大学1年生を対象にして，カナダ国内の2つの都市を比較する文章の産出を求めた。そして，得られた文章に対して10点満点で得点化を行い，得点が上位4分の1の書き手を「総合得点高群」，下位4分の1の書き手を「総合得点低群」とし，両者の産出文章の違いについて検討した。その結果，総合得点高群の書き手の方が，産出アイディア

の数(本書では「使用情報量」に相当),および産出字数が多くなることを見出した。また,小学生から大学生までを対象にした研究により,産出文章に対して高い得点を得た書き手の方が得点の低い書き手よりも,内容を言語化するプロセスが流暢であるという知見(McCutchen & Perfetti, 1982)や,テーマに対する既知度合いの高い方が産出文章に対する得点が高くなる(McCutchen, 2000)といった知見も得られている。一方,今後の情報化社会の進展の中で求められる文章産出スキルの中身を考えると,内容情報の取捨選択,内容情報同士のつながりの検討,および,短い時間でたくさんの情報の処理を要求される場合を考えて,文章を書く際にも,伝えたい内容情報を手短に,かつコンパクトにまとめることが必要であるとの指摘も見られる(﨑濱,2005)。そこで,本章では,特に「内容情報の吟味」という側面に焦点を当てる。そのため,文章産出課題実施の際には,資料という形で題材(内容情報)をあらかじめ書き手に提示する形をとった。そして,各情報についても,一文形式で提示し,修辞的側面に関する基本的な事項に対して書き手が持つスキルにできるだけ違いが生じないように配慮した。

4-2 方法および調査手続き

参加者　大学生・専門学校生47名(男性10名,女性37名,平均年齢18.3歳)

調査材料　オカピに関する資料(AppendixA参照)

調査手続き　本章の目的は,第3章における文章産出課題で得られた文章や書き手の文章産出活動に関する分析を通して,総合得点の高い(以下,総合得点高群と表記する)書き手と低い(以下,総合得点低群と表記する)書き手との間にどのような違いが見られるかを検討することである。そこで,使用情報に関する分析については,筆者を含めた大学院生2名(文章産出課題に参加していない)が,各々の文章において使用されている情報をチェックした。分析にあたっては,上記2名が47名全員の文章に目を通し,資料中の項目に書かれている内容に少しでも触れていた部分をその項目を使用したものとした。たとえば,「オカピはアフリカのコンゴ地方に住むキリン科の動物であり」という記述があれば,項目1「アフリカのコンゴ地方(の森林)に住む」および項目25「キリン科」(TABLE 7参照)を使用したものとみなした。2者の情報

TABLE 7　オカピに関する資料項目および重要度評定の結果

項目番号	カテゴリー名及び各項目	総合得点高群 選択者数	総合得点高群 非選択者数	総合得点低群 選択者数	総合得点低群 非選択者数	p値	重要度評定値
	身体の特徴						
	数量的特徴						
5	歯は合計32本	1	24	7	15	0.02	2.00
18	体重15kg（新生児）	4	21	6	16	0.48	2.48
23	体の高さ80cm（新生児）	3	22	6	16	0.27	2.67
33	体長2m	14	11	17	5	0.22	3.52
35	体の高さ1.5〜1.7mくらい	9	16	7	15	0.76	3.62
39	体重は200〜250kgである	10	15	14	8	0.15	3.14
45	尾長30〜40cm	5	20	6	16	0.73	2.33
	見かけの特徴						
2	体の色は保護色	14	11	11	11	0.77	4.10
4	オスには，キリンのような2本の短い角がある	11	14	18	4	0.02	3.76
7	鼻先は長い	4	21	12	10	0.01	2.86
8	角の先端には裸出している骨片がある	3	22	8	14	0.08	2.57
9	ひづめはジラフのように2個	3	22	4	18	0.69	1.76
11	2本の短い角（オス）は皮フでおおわれている	1	24	8	14	0.01	2.86
14	体は暗い茶色	17	8	9	13	0.08	3.95
16	首がやや長い	9	16	13	9	0.15	2.91
17	体毛は短い	4	21	8	14	0.18	3.14
20	メスはやや小形	4	21	15	7	0.00	2.43
32	舌は長い	4	21	12	10	0.01	3.24
22	眼は大きい	9	16	11	11	0.39	2.76
28	尾には房毛がある	1	24	10	12	0.00	2.24
31	耳は長く大きい	8	17	11	11	0.25	3.48
34	聴覚（ちょうかく）が優れて（すぐれて）いる	8	17	6	16	0.76	4.00
38	体の後方が低い	1	24	2	20	0.59	2.52
41	唇（くちびる）はよく動く	2	23	5	17	0.23	1.95
44	大腿部（だいたいぶ）と尻の部分に白い縞（しま）がある	15	10	7	15	0.08	2.52
46	メスには角がない	3	22	13	9	0.00	3.19
	動物そのものの特徴						
	生息地						
1	アフリカのコンゴ地方（の森林）に住む	25	0	20	2	0.21	4.33
13	生息地は湿った熱帯雨林	12	13	8	14	0.56	3.91
40	単独または1つがいで熱帯雨林の奥深くで生活する	13	12	8	14	0.38	3.71
	統計的指標						
27	世界の22の動物園で見られる	15	10	13	9	1.00	2.43
47	全世界で42頭生息している	18	7	14	8	0.75	4.19
	行動面						
3	簡単には発見できない	12	13	12	10	0.77	3.43
6	生後間もなく起立（新生児）	3	22	7	15	0.15	2.33
10	妊娠期間は14ヶ月	3	22	7	15	0.15	1.91
12	夜出歩く	12	13	8	14	0.56	3.48

項目番号	カテゴリー名及び各項目	項目の選択者数/非選択者数				p値	重要度評定値
		総合得点高群		総合得点低群			
		選択者数	非選択者数	選択者数	非選択者数		
15	5月頃，1子を産む	3	22	6	16	0.27	2.52
19	1回に1子を産む	2	23	6	16	0.12	3.05
30	生後6〜12時間後，乳を吸い始める（新生児）	3	22	7	15	0.15	2.10
37	木の葉，果物，木の芽などを食べる	11	14	12	10	0.56	3.95
	歴史						
21	1900年に皮の一部が採取された	2	23	5	17	0.23	2.29
24	発見当初は馬の一種と考えられていた	9	16	7	15	1.00	2.81
29	1957年，パリの動物園で繁殖に成功した	7	18	8	14	0.75	3.05
43	1901年に発見された	11	14	7	15	0.55	2.95
	学術的分類						
25	キリン科	20	5	16	6	0.73	3.33
26	ホニュウ類	14	11	11	11	1.00	2.95
36	偶蹄目（ぐうていもく）	1	24	0	22	1.00	2.38
42	キリンと共通の祖先をもつ	7	18	3	19	0.30	2.95

同定度合いを検討したところ，一致率は95%であった。不一致箇所については協議の上，どの項目を用いたものであるかを判断した。また，産出字数については，アルファベット・記号・数字は2文字で原稿用紙1文字分とカウントした。さらに，文章産出活動については，情報の取捨選択や情報同士のつながり具合の検討といった「内容情報の吟味」について，①資料中の項目に印をつけているかどうか，②資料中の情報を並べ替える行動は見られるか，③プランニング活動は行っているか，④資料等，余白部分に下書きを行っているか，以上4点の活動が見られるかどうかをカウントした。カウントにあたっては，当該活動が少しでも見られたものを「活動あり」とした。

なお，総合得点高群および総合得点低群の設定方法については3-4「書き手が持つメタ認知的知識の重複度合いについての検討」と同一である。

4-3 結　果

(1) 産出字数の比較

得られた文章について，各群における書き手の平均産出字数を求めたところ，総合得点高群では227.2字（$SD=57.02$），総合得点低群では247.50字（$SD=77.17$）となった。ウェルチの検定を用いて産出字数の比較検討を行ったが，$t_{38}=1.01$となり，両群の産出字数の差は有意ではなかった。

TABLE 8　重要度の高さによる情報の選択個数

	総合得点高群	総合得点低群	t 値
重要度評定値3.5以上の項目	3.48（1.61）	3.59（1.76）	0.23
重要度評定値3.0以上3.5未満の項目	6.92（2.06）	8.50（3.39）	1.90
重要度評定値2.5以上3.0未満の項目	3.76（1.33）	4.59（2.68）	1.37
重要度評定値2.0以上2.5未満の項目	5.32（1.88）	8.05（4.36）	-2.72 *

* : $p<.05$

（2）使用情報数の比較

　本文中でどのくらいの数の情報が使われたかを検討するため，大学院生2名が同定した各文章中における平均使用情報数を求めたところ，総合得点高群では15.16個（$SD=3.48$），総合得点低群では19.59個（$SD=8.10$）であった。使用情報数についても，ウェルチの検定による群間比較を行ったところ，$t_{28}=2.38$（$p<.05$）となり，総合得点低群の使用情報数の方が有意に多かった。そこで，どのような情報の使用個数において群間の違いが見られたのかを検討するため，各参加者の使用情報について，重要度評定結果[1]を基に，重要度3.5以上，3.0以上，2.5以上，2.0以上の4段階における平均使用情報数を求め（結果はTABLE 8参照），ウェルチの検定による群間比較を行ったところ，重要度2.0以上2.5未満の情報の使用数において t 値が有意となり（$t_{29}=2.27$ $p<.05$），総合得点低群の使用個数が多くなった。

（3）カテゴリーごとの使用情報数の検討

　KJ法によって得られたカテゴリー[2]ごとに，各々の群に書き手がどの程度の量の情報を使用したのかを検討した（結果はTABLE 9参照）。ウェルチの検定による群間比較を行ったところ，「身体の特徴」カテゴリーでは総合得点低

1　資料中の情報について，オカピがどのような動物であるか，ということを知るためにはどの程度重要であるかについて，本研究における調査に参加していない大学生40名（男性21名，女性19名）に評定を求めた。評定にあたっては，資料中の情報を記載した用紙を配布し，0（まったく重要でない）〜 5（大変重要である）の6段階で評定するよう求めた（評定値はTABLE 7参照）。その結果，47の項目のうち，重要度4.0以上のものが4項目，重要度3.0以上の項目が21項目（重要度3.0以上4.0未満は17項目），重要度2.0以上の項目が44項目（重要度2.0以上3.0未満は23項目）となった。

TABLE 9　カテゴリーごとの情報の選択個数

		総合得点高群	総合得点低群	t 値
A	身体の特徴	6.68 (2.81)	11.18 (6.00)	3.22 **
	数量的特徴	1.84 (1.43)	2.86 (1.96)	2.02 *
	見かけの特徴	4.84 (2.44)	8.32 (4.55)	3.20 **
B	動物そのものの特徴	5.28 (1.79)	5.82 (2.74)	0.79
	生息地	2.00 (0.71)	1.64 (0.90)	1.52
	統計的指標	1.32 (0.75)	1.23 (0.75)	0.42
	行動面	1.96 (1.31)	2.95 (2.21)	1.84 †
C	歴史	1.16 (0.99)	1.23 (1.19)	2.12
D	学術的分類	2.04 (0.68)	1.36 (0.90)	2.88 **

† : $p<.10$ 　* : $p<.05$ 　** : $p<.01$

群の使用情報数の方が多く（$t_{29}=3.22$　$p<.01$），「学術的分類」カテゴリーにおいては総合得点高群の使用情報数の方が多くなった（$t_{39}=2.88$　$p<.01$）。一方，その他のカテゴリーにおいては使用情報数に有意な違いは見られなかった。

次に，各カテゴリーのうち，「身体の特徴」および「動物そのものの特徴」カテゴリーについて，カテゴリー決定の際に同時に決定したサブカテゴリーごとに使用情報数を比較検討した。ウェルチの検定による群間比較を行ったところ，「身体の特徴」カテゴリーについては，「数量的特徴」（$t_{38}=2.02$　$p<.05$）および「見かけの特徴」（$t_{31}=3.20$　$p<.01$）で総合得点低群の使用情報数が多くなり，「動物そのものの特徴」については，「行動面」カテゴリーにおいて，総合得点低群の使用情報数の方が多くなる傾向にあった（$t_{33}=1.84$　$p<.10$）。

2　資料中の内容情報について，心理学専攻の大学生2名（本研究における文章産出課題には参加していない）が協議の上，KJ法を用いて分類を行った。その結果，「身体の特徴（26項目：数量的特徴7項目・見かけの特徴19項目）」・「動物そのものの特徴（13項目：生息地3項目・統計的指標2項目・行動面8項目）」・「歴史（4項目）」・「学術分類（4項目）」の4カテゴリーが得られた（結果はTABLE 9参照）。

TABLE10 表現の追加の有無に関する分析

	総合得点高群（人）		総合得点低群（人）		p 値
	あり	なし	あり	なし	
内容補足のための表現追加	15	7	3	19	0.002

（4）その他の使用情報の違いについての検討

　産出文章の中には，「キリンのような」・「キリンとしまうまを足して2で割った」といった，資料中の写真を基にしたと思われる記述が見られる場合があった。そこで，写真を文章化したと思われる事項が記述してある人数が群によって異なるかどうかを検討した（結果はTABLE10参照）。検討にあたっては，各個人の文章において，資料中の項目には該当しないがオカピのことをイメージさせるような記述が1箇所以上見られた場合，1人とカウントした。そして，オカピ全体をイメージさせる情報記述（有りの人数・無しの人数）×群（総合得点高群・総合得点低群）によりフィッシャーの直接確率検定を行った結果，$p=0.002$ となった。そこで，残差分析を行ったところ，総合得点高群の情報記述有りの人数，総合得点低群の情報記入無しの人数が有意に多かった（TABLE10参照）。

（5）一情報あたりの使用文字数についての検討

　次に，情報一つを説明するのに何文字使ったのかを検討した。総産出字数を使用情報数で割った値を一情報あたりの使用文字数とし，群ごとに文字数の平均値を算出したところ，総合得点高群では15.05字，総合得点低群では14.96字となった。そして，t 検定により使用情報数の比較検討を行ったが，有意差は検出されなかった（$t_{44}=0.04$ $n.s.$）。

（6）文章産出プロセスに関する検討

　今度は，書き手の文章産出プロセスに関して検討を加えた。文章産出の際，書き手は，資料中の情報から必要なものを選び出す，あるいは選んだものを並べ替える，といった活動を行っていた。そこで，本研究では①資料中の項目に印をつけているかどうか，②資料中の情報を並べ替える行動は見られるか，③

TABLE11 文章産出プロセスについての分析

	総合得点高群 (人)		総合得点低群 (人)		p 値
	活動あり	活動なし	活動あり	活動なし	
1 資料中の項目への印打ち	16	7	15	7	0.08
2 資料中の情報の並べ替え	4	21	4	18	1.00
3 プランニング活動	6	19	7	15	0.36
4 資料等の余白への下書き	3	22	6	16	0.27

プランニング活動は行っているか，④資料等，余白部分に下書きを行っているか，以上の4点について検討を加えた。各々の事項について，活動の有無（有・無）×群（総合得点高群・総合得点低群）でフィッシャーの直接確率検定を行ったが，いずれの項目においてもp値は有意ではなかった（各々の活動の有無（人数）についてはTABLE11参照）。

4-4 考　察

　本章の目的は，第3章の文章産出課題で得られた文章や書き手の文章産出活動に関する分析結果を基に，産出文章の総合得点の高さの違いに影響を及ぼす要因について検討を加えることであった。その結果，産出字数については群間で有意な差は見出されなかったものの，使用情報数については総合得点低群の方が多くなった（$t_{28}=2.38$ $p<.05$）。Ferrariら（1998）では，文章産出スキルの高い書き手（本研究でいう「総合得点高群」）の産出文章の方が，産出字数，文中における使用情報数が多かったが，本研究はFerrariらとは逆の結果が示された。このような違いが生じた理由として，本研究における課題が字数無制限のものではなく，200字程度の文章産出を求めるものであったことから，文章産出スキルの高い書き手が，字数に合うよう，不必要な，あるいは重要度が低い情報を削除した（または選択しなかった）ことが考えられる。実際，文章産出プロセスについて見てみると，資料中の情報に印をつけること，情報同士を並べ替えること，プランニング活動を行うこと，資料や白紙の余白に下書きを行うこと，いずれの人数とも群間に違いが見られなかった一方で，情報の重要度に基づいた使用情報数に関する分析結果を見ると，情報重要度2.0以上2.5未満の項目において，総合得点低群の使用個数が有意に多くなった。また，「キ

リンのような」など，資料中にあった情報を基にして読み手がオカピを理解しやすくなるよう配慮した情報を付加した書き手の人数は総合得点高群の方が有意に多かった。このことを踏まえると，資料中において，総合得点高群の書き手の方が情報をよく吟味し，オカピの全体像をイメージしやすくしようとしていたことが考えられる。

　本研究における文章産出課題は，「オカピ」という動物に関して書かれた資料を使って，この動物を知らない大学生程度の人に動物紹介をする，というものであった。よって，参加者間でオカピに関して持っている情報量はほぼ一定であったと判断できる。また，資料における動物の解説は一文形式であったことから，内容情報を言語化するスキルについてもほぼ一定であったと判断できる。こうした条件統制にもかかわらず，内容情報の吟味に関する事項，すなわち，情報の取捨選択の部分に群による違いが生じた。

　これらの点を考慮すると，文章産出スキルを高めていくための1つの方法として，使用情報の取捨選択（必要な情報を残し，不要な情報を削除する，または不要な情報を選択しない）や内容情報の組織化といった，内容情報の吟味に関するスキルを育成する必要があると考えられる。

　そこで，次の第5章では，こうした内容情報の吟味に関する活動を促すためにはどのような外的操作を行えば良いのか，という点について，大学生を対象とした実験を通じて検討を加える。

5 字数制限を課すことの効果に関する検討

5-1 本章の目的

　本章の目的は，使用情報の選択や内容情報の吟味を行う上で，文章産出時に産出字数を短く制限することにより，書き手は必要な情報を効率よく用いてエッセンスの詰まった文章を書くようになるのか，といった，「字数制限という外的操作が内容情報吟味に関する活動を促すのに有益であるか」という点を検討することである。

　第4章の終わりで述べたように，内容情報の取捨選択，情報同士のつながりといった内容情報吟味に関する活動は，産出文章の質を高める上では重要である。加えて，今日の情報化社会においては，短い時間で沢山の情報の処理を要求される場合が多いことから，文章を書く際にも，伝えたい内容を手短に，かつコンパクトにまとめることが必要である。本章ではこれらの点を踏まえ，文章産出場面において字数制限を課し，産出字数を短く制限することが，必要な内容を取捨選択すること，内容のつながりを検討すること，内容をコンパクトにまとめること，といった内容情報吟味に対して有益であるかどうかを検討する。

　字数制限を課すという条件は，大学入学試験や教育場面でしばしば取り入れられることがある。このうち，大学入学試験に焦点を当てると，800字～1000字程度の小論文課題のみならず，図表の読み取りなどを目的とした比較的字数の短い論述課題（100字～400字程度）も見られるようになった（大野木, 1994）。また，金子（1988, 1989）の短期大学における教育実践のように，200字程度の比較的短い文章を書く活動を取り入れている例もある。

では，字数を短くすることにどのようなメリットがあるのだろうか。文部省（現文部科学省，1993）・梅田（2000）によると，①（文章を読んでいて）疲れない，②（文章から）まとまった情報が得られる，③短時間での指導が可能である，④学習者が作文する機会が増える，などの点でメリットがあることが報告されている。

しかし，これらはあくまでも文章の読み手や指導者の側からみた側面である。書き手自身にとってのメリットについてはどうであろうか。清水（1953）は，多くの論文を1000字で紹介しなければならない，という場面に遭遇した経験を基に，少ないスペースの中で読んだ論文の内容を紹介しなければならない時に，その中でどのような情報が必要であるかについて吟味して選択し，それらをどのようにつなげていくかを一生懸命考えたことを報告した。この報告を受け，梶田（1998）は，文章を書く際にスペース（産出可能字数）を短く制限することにより，多数の情報の中から何を捨て，何を残し，残したものをどう編成するかといった操作が促されることを指摘した。また，梅田（2000）も，産出字数を制限することで，書き手は必要な情報を取捨選択しなければならないことを述べている。

このように，字数を短く制限することにより，書き手の内容情報の選択，情報の効率的使用に対してメリットをもたらすことが期待される。また，字数が短くなっても情報同士を何とかつなげようとすることが期待できる。これらの点を踏まえると，読み手を意識する（杉本，1991；佐藤・松島，2001），書き手に読み手からのフィードバックを与える（岸・綿井，1997），文章産出活動を援助するための外的手がかりを示す（Butcher & Kintsch, 2001; Scardamalia, et al., 1984）といった外的介入や操作を行う場合と比べても，字数制限が書き手の文章産出活動に対して極めて有益であることが考えられる。

しかし，字数制限に関しては，制限字数が長くなると文章を書き始めるまでの時間が長くなる，といった，文章産出プロセス自体に焦点を当てた知見（Bereiter & Scardamalia, 1987）が得られてはいるものの，内容吟味の側面に焦点を当てた実証的検討はなされてこなかった。内容情報の取捨選択や選択情報の効率的な使用は，今後の情報化社会における文章産出では重要度が高まると予想される。それにもかかわらず，字数制限によって得られるメリットにつ

いて実証的検討がなされていないことは大きな問題であると言える。

　以上のことから，本章では，文章産出の際に産出字数を短く制限することにより，以下の3つのことがらが見られるのかどうかを検討する。

①産出字数が短くなると，文章に占める重要な情報の割合が高まる。
②産出字数が短くなると，1つの情報を説明するのに使う字数が減少する。
③産出字数が短くなると，情報選択や情報同士のつながりを検討するのに困難を感じる度合いが高まると同時に，下書きにより情報を調整する度合いが高まる。

　本章では，題材として情報伝達文をとりあげる。用いた題材は，「モーリタニア」という国の資料（以下，「資料[1]」と表記する）であった。資料を使ったのは，Vossら（1980）や梅本・菅（1984）のように，書き手自身の持つ知識量の違いが内容情報の選択に影響を及ぼすことを防ぐためである。また，国の紹介文を題材にしたのは，学校教育の場や図鑑・事典でよく取り上げられていることから，何を紹介すれば良いのかに関する書き手の既有知識に個人差が生じにくいという点を考慮したからである。さらに，モーリタニア国を選んだのは，その国について書き手が持つ既有知識が情報選択の際に影響を及ぼすことを防ぐためである。

　なお，本研究では参加者を大学生（大学院生を含む）とした。理由は①高等教育課程における文章教育の充実が急務となっているにもかかわらず，この年代を対象とした知見があまり得られていないこと，②字数制限が情報選択や情報使用に及ぼす影響を検討することから，参加者に一定の文章産出スキル，とりわけ，内容情報の取捨選択スキルが備わっている必要があること，の2点で

---

[1] 集英社（1996）にあった各国の統計データのうち，「モーリタニア国」のものについて，国の位置・面積などの記載事項を箇条書きにまとめ直した（全部で70項目）。なお，予備調査として大学生5名に本研究同様の課題に取り組んでもらったところ（年齢範囲：19歳〜24歳），5名全員が，「言語」以降の情報（2枚目の資料）には日本との比較を入れた方が良い，とのコメントを行ったことから，資料のうち，2枚目のことがらについては，可能な範囲で日本に関することがらを盛り込んだ。

ある。Brown & Smiley（1977）やBrown, Day, & Jones（1983）の文章理解に関する知見により，大学生程度になると呈示情報の重要性を判断できることが知られていることも，参加者を大学生とした理由である。

5-2 方　法

実験参加者　国立N大学大学生・大学院生45名（男性3名，女性42名，平均年齢21.42歳（$SD=2.35$），参加者の年齢範囲は19歳～29歳）。全ての参加者は，大学入学試験で本研究同様の論述試験を受験し，合格していることから，一定水準の文章産出スキルを有していると判断した。

実験材料　資料（AppendixB参照）・原稿用紙（400字詰め：20字×20行）・白紙（下書きやメモ用）・自由記述質問紙（以下，質問紙と表記する）が配布された。質問紙では，「①文章はどんな書き方をしましたか？（文章完成までのプロセスを尋ねるもの）」，「②各条件における文章の書きやすさ（理由に関する自由記述を含む）」など，書き手自身の文章産出プロセスをふりかえることがらについて尋ね，回答後にはその中身を補足する目的で書き手に対するインタビューを行った。本研究では，2つの質問に対する回答，およびその補足インタビューの結果を分析対象とした。

手続き　実験は個別に実験室で行われた。まず，参加者には資料を配布し，中身についてわからないことがらがあれば尋ねるよう求めた。次に，資料中の情報を使って，この国を知らない仲間に向けて国を紹介する文を書くよう求めた。産出字数[2]は，字数無制限・400字・200字のいずれかを割り当てた（以下，それぞれの字数群を，字数無制限群，400字群，200字群と表記する）。参加者の群分けに際しては，いずれの群も男女比を1：14とし，かつ，年齢構成ができるだけ均等になるようカウンターバランスを施した（平均年齢は，200字群21.27歳（$SD=2.09$），400字群21.27歳（$SD=1.75$），字数無制限群21.73歳

2　実験群設定に当たっては，資料中の重要項目を過不足なく用いて文章を書く場合に何字程度必要かを明らかにする必要がある。そこで，筆者・本研究同様の文章産出課題に精通している大学院生，および大学教員1名，計3者が判断を行ったところ，3者ともが「400字程度必要」という回答を行った。そこで，字数制限を課した場合の標準形として400字群を設定し，産出字数をさらに短くした群として200字群を設定した。

($SD=3.13$) であった。また，参加者の年齢範囲は，200字群が19歳～26歳，400字群が19歳～24歳，字数無制限群が19歳～29歳であった）。原稿用紙は，字数無制限群には5枚[3]，それ以外には1枚を配布したが，字数無制限群については，用紙が不足する場合の追加を認めた（白紙については，字数群に関わらず，不足する場合の追加を認めた）。文章産出時間については特に制限しなかった。課題説明終了後，文章産出活動に入り，終了した時点でその旨を実験者に告げるよう求めた。課題終了後，質問紙への回答，および，回答内容補足のためのインタビューを行った。実験終了後，資料，原稿用紙，白紙，質問紙はすべて回収した。

産出文章に対する評定　書き手から得られた文章について，本研究における実験に参加していない大学院生2名が評定を行った。評定は，①書き手が選び出した情報は適切であるか（内容情報の適切さ），および②情報同士のつながりは適切であるか（情報同士のつながり），③各文章を採点するとしたら何点か（総合得点），以上3つの観点から2者が独立に，1～5の5段階で行った（5が最も高い値）。2者の評定の一致率を求めるため，ピアソンの積率相関係数を算出したところ，①内容情報の適切さ，②情報同士のつながり，③総合得点の順に，$r=0.68$，0.72，0.63となったため，2者の評定の平均値を「評定得点」として，以後の分析に用いた。

5-3　結　果

参加者が書いた文章，白紙や資料への書き込みなどを基に，以下の事項に関する分析を行った。

(1) 産出字数に関する分析

本研究では，モーリタニア国の紹介文を産出する際，字数無制限，400字，200字のいずれかで課題を行った。そこで，各群における書き手の平均産出字

---

[3]　実験時における産出字数設定に関与した3名（筆者・大学院生1名・大学教官1名）が資料中の項目すべてを使った場合に必要な字数を検討したところ，全員が2000字程度必要と回答した。そこで，字数無制限群への原稿用紙配布枚数を5枚とした。

数を求めたところ，字数無制限群，400字群，200字群の順に，1084.20字（SD=313.51 産出字数は592字〜1612字），380.73字（SD=21.22），199.00字（SD=11.77）となったことから，実験操作は成功していたと言える。

(2) 使用情報数に関する分析

　全ての書き手は，配布された資料中にある項目を使って課題の文章を書いた。そこで，参加者の文章について，どの項目を用いたのかをチェックし，使用情報数を算出した。使用情報については，実験後に行ったインタビューの際に，参加者自身にどの項目を使ったかを尋ね，資料中にチェックを入れるよう求めた。そして，インタビュー結果および産出文章を基にして使用情報のカウントを行った。情報のカウントは次のように行われた。たとえば，「モーリタニアはアフリカ西海岸にあり」という文章であれば，「1.（国名）モーリタニア」の部分と「13. 位置」の部分が使われたものと判断した。なお，同じ情報を2箇所以上で用いた場合は，何箇所あっても1つとカウントした（各群の使用情報数についてはTABLE12参照）。使用情報数に関して1要因分散分析を行ったところ，F (2,42) =21.09（p<.001）となり，F値が有意であった。そこで，Tukey法による多重比較を行ったところ，200字群および400字群の使用情報数が字数無制限群に比べて有意に少なかった。しかし，200字あたりの使用情報数[4]を求めたところ，F (2,42) =9.04（p<.001）となり，Tukey法による多重比較の結果，200字群の使用情報数が，字数無制限群に比べて有意に多くなった。

(3) 一情報あたりの使用字数に関する分析

　次に，書き手が1つの情報を記述するのにどのくらいの字数を用いたのかを検討した。参加者ごとに，産出総字数を文中で使用された情報数で割った値を求め，一情報あたりの使用字数aとした。同じ情報が2箇所以上で使われていた場合は，それぞれを独立に1つと数えて計算した（結果はTABLE12参照）。1要因分散分析を行ったところ，F (2,42) =18.15（p<.001）となり，多重比

---

[4] 200字あたりの使用情報数については，下記の式を用いて算出した。
　　　（使用情報数／各参加者の産出字数）×200

TABLE12　産出字数・使用情報数関係データ　（（　）は標準偏差）

	200字群	400字群	字数無制限群	F値	多重比較（Tukey法）
平均産出字数	199.00 (11.77)	380.73 (21.22)	1084.20 (313.51)	99.48***	200字<400字<字数無制限
使用情報数（個）	15.53 (9.39)	21.20 (4.11)	33.40 (8.53)	21.09***	200字・400字<字数無制限
200字あたりの使用情報数（個）	15.87 (10.36)	11.13 (2.01)	6.31 (1.49)	9.04***	200字>字数無制限
一情報あたりの使用字数a（字）[1]	15.46 (5.93)	18.37 (3.10)	29.84 (9.92)	18.15***	200字・400字<字数無制限
一情報あたりの使用字数b（字）[2]	15.22 (5.70)	17.69 (2.77)	24.99 (4.58)	18.99***	200字・400字<字数無制限
核情報使用個数（個）	4.80 (1.32)	6.13 (1.30)	7.00 (1.20)	11.36***	200字<400字・字数無制限
核情報の割合	0.36 (0.12)	0.30 (0.07)	0.22 (0.07)	8.65***	200字>字数無制限

***：$p<.001$

[1] 一情報あたりの字数a：産出字数を使用情報数で割った値
[2] 一情報あたりの字数b：資料中の情報を含まない文以外の部分の産出字数を使用情報数で割った値

較の結果，使用字数は，200字群・400字群＜字数無制限群となった。しかし，文章によっては，一文の中に資料中の情報を含まない記述が見られることもあった。そこで，資料中の情報が記載されている部分だけを対象として再度同様の分析を行ったが（一情報あたりの使用字数b），$F(2,42)=18.99$（$p<.001$）となり，多重比較の結果，一情報あたりの使用字数aの場合と同様，200字群および400字群の使用字数が字数無制限群よりも有意に少なかった。

（4）核情報使用個数に関する分析

文章を書く際，書き手がモーリタニアを知る上で重要となる情報（以下，「核情報」と表記）をどのくらい使用したか（結果はTABLE12参照）を検討した。核情報の選定にあたっては，大学生20名（本研究における実験には参加していない）に資料中の情報が書かれた用紙を配布し，各々の項目がモーリタニア国

を知る上でどの程度重要であると思うかを0（まったく重要でない）〜5（大変重要である）の6段階で評定させた。そして，得られた結果を基に各項目の評定平均値を算出し（AppendixB参照），値が4.00以上であった8項目を「核情報」とした。1要因分散分析を用いて核情報使用個数に関する群間比較を行った結果，$F(2,42)=11.36$（$p<.001$）となり，F値は有意であった。そこで，Tukey法による多重比較を行ったところ，200字群の値が400字群および字数無制限群に比べ，有意に少なくなった。

（5）使用情報に占める核情報の割合

　書き手が選んだ情報の中に核情報がどの程度含まれているかを検討した。核情報が含まれている割合（核情報の割合）については，選んだ核情報の総数を使用情報総数で割った値を使用した（結果はTABLE12参照）。値を逆正弦変換した上で1要因分散分析による群間比較を行ったところ，F値が有意であった（$F(2,42)=8.65$　$p<.001$）。そこで，Tukey法による下位検定を行ったところ，200字群の値が字数無制限群よりも高くなった。

（6）文章産出活動に関する分析

　書き手の文章産出活動について，以下のような検討を加えた。

　まず，「文章はどんな書き方をしましたか？」という質問に対する回答を検討したところ，「最初に国名，位置，人口といった国の概要的なことを書き，次に歴史に関する事項を取り上げ……」のように，情報をまとめる，あるいは何らかの形で関連づけようと考えていた書き手が，45名中42名見られた。また，その際に，白紙や資料に書き込み（メモ書き）をして情報の選択・並べ替え・グループ化を行った参加者は，200字群では15名中14名，400字群では15名全員，字数無制限群では15名中13名であった。一方で，下書きまで行った人数（TABLE13参照）については，下書き（あり・なし）×字数群でフィッシャーの直接確率検定を行った結果，$p=0.02$となり，人数の偏りが有意であった。そこで，残差分析を行ったところ，200字群の「下書きあり」の人数が有意に多かった。また，200字群の「下書きなし」の人数が有意に少なかった。

　次に，割り当てられた字数での文章の書きやすさについて3段階（1：書き

TABLE13 下書き活動の有無

	200字群 $n=15$	400字群 $n=15$	字数無制限群 $n=15$	計	p値
下書きあり	12 **	7	1	20	0.02
下書きなし	3 **	8	14	25	
計	15	15	15	45	

**$p<.01$

TABLE14 各条件における文章の書きやすさ

評定	200字群 $n=14$	400字群 $n=15$	字数無制限群 $n=15$	計	p値
3:「書きやすい」	4	6	12 **	22	0.02
2:「どちらとも言えない」	1	4	1	6	
1:「書きにくい」	9 **	5	2 **	16	
	14	15	15	44	

** : $p<.01$

にくい～ 3:書きやすい)で評定を求め(結果はTABLE14参照),フィッシャーの直接確率検定(書きやすさ(3段階)×字数群)を行ったところ,p値が0.02となった.残差分析を行った結果,200字群における「1:『書きにくい』」の人数が有意に多くなった.そこで,どのような点で困難を感じたかを尋ねたところ,9人全員が,200字で情報が収まるように情報量を調整するという点,および,それらをどのようにつなげるかという点に困難を感じていたと報告した.

(7) 産出文章の中身に関する分析

　文章を産出するにあたり,書き手は資料中から情報を選び出した.そこで,どのような情報をどの程度使用したか,および,書き手が選んだ情報,情報同士のつながりの適切さ,文章の総合得点について検討を加えた.書き手が書いた文章中の情報を,KJ法によって得られた「人口統計要因」・「国民生活」・「歴史・政治」・「産業・経済」の4カテゴリー[5]に分類し,個々の参加者が使用した情報に占める各々のカテゴリー情報の含有度合いを算出した(結果はTABLE15参照).これらの値を逆正弦変換した上で,内容カテゴリー×字数

TABLE15 抽出情報に占める各カテゴリーの情報の含有度合い (( ) 内は標準偏差)

	200字群 n=15	400字群 n=15	字数無制限群 n=15	F 値	多重比較
人口統計	0.39 (0.18)	0.34 (0.11)	0.27 (0.06)	2.64*	200字>字数無制限
国民生活	0.16 (0.11)	0.13 (0.08)	0.17 (0.08)		
歴史政治	0.22 (0.20)	0.38 (0.22)	0.36 (0.16)		
産業経済	0.23 (0.15)	0.15 (0.10)	0.19 (0.09)		
多重比較	人口統計>国民生活・産業経済	人口統計>国民生活・産業経済 歴史政治>国民生活・産業経済	歴史政治>国民生活		

*：$p<.05$

TABLE16 産出文章に対する評定

	200字群 n=15	400字群 n=15	字数無制限群 n=15	F 値
内容情報の適切さ	3.13 (0.48)	3.14 (0.78)	3.39 (0.65)	0.65
情報同士のつながり	3.08 (0.70)	3.09 (0.77)	3.35 (0.75)	0.51
総合得点	2.88 (0.50)	3.00 (0.68)	3.07 (0.85)	0.24

群(200字・400字・字数無制限)の2要因分散分析を行ったところ,交互作用が有意であった(F (6,126) =2.64 $p<.05$)。そこで,単純主効果の検定を行ったところ,「人口統計要因」における200字群の値が字数無制限群に比べて有意に大きくなった。また,200字群において,「人口統計的要因」の値が「国民生活」および「産業経済」の値に比べて,400字群において,「人口統計要因」・「歴史・政治」の値が「国民生活」および「産業・経済」に比べて,それぞれ高くなった。さらに,字数無制限群では,「歴史・政治」の値が「国民生活」に比べて高くなった。なお,内容情報の適切さ,情報同士のつながり,総合得点に関する評定得点(TABLE16参照)について1要因分散分析を行ったが,群間に違いは見られなかった。

---

5 資料中の内容情報について,心理学専攻の大学生2名が協議の上,KJ法を用いて分類を行った。その結果,「人口統計要因(14項目)」・「国民生活(10項目)」・「歴史・政治(26項目)」・「産業・経済(20項目)」の4カテゴリーが得られた(AppendixB参照)。

5-4 考　察

(1) 仮説の検討

　本章の目的は，文章産出の際，①産出字数が短くなると，文章に占める重要な情報の割合が高まる，②産出字数が短くなると，1つの情報を説明するのに使う字数が減少する，③産出字数が短くなると，情報選択や情報同士のつながりを検討するのに困難を感じる度合いが高まると同時に，下書きにより情報を調整する度合いが高まる，以上3つの仮説を検証することであった。

　まず，「①産出字数が短くなると，文章に占める重要な情報の割合が高まる」について検討する。核情報の使用個数については，200字群の個数が400字群や字数無制限群に比べて有意に少なくなった。この結果だけを見ると，200字群の情報取捨選択スキルが他の群より劣ると考えることもできる。しかし，産出文章中に占める核情報の割合では，200字群の値が字数無制限群に比べて高くなっていた。もし，200字群の参加者の情報取捨選択スキルが他群より劣っていたとすれば，産出文章中に占める核情報の割合は他群よりも低くなると推測される。しかし，実際には，200字群の値は高くなった。この点を踏まえると，たとえ産出字数が短くなったとしても，書き手は資料中で重要な情報を判断し，必要に応じてそれらを取捨選択した上で文章を書いたことが考えられる。よって，仮説①は支持されたと言える。

　次に，「②産出字数が短くなると，1つの情報を説明するのに使う字数が減少する」について検討を加える。使用情報の個数を見ると，200字・400字群の方が少なかった。一方で，200字あたりの使用情報個数については，200字群の値が字数無制限群よりも多くなった。また，一情報あたりの使用字数については，200字群・400字群の値が字数無制限群よりも少なくなった。これらの結果を踏まえると，字数を制限されることによって，書き手は使用情報をできるだけ効率よく使おうとしていたことが推測される。よって，仮説②は支持される方向にあると言える。ただし，400字群においても200字群と同様の結果が生じたことから，情報の効率的な使用をもたらした原因が「字数制限」にあるのか，それとも「制限字数の長さ（短さ）」にあるのかについては，今後検討の余地があると思われる。

その次に，仮説「③産出字数が短くなると，情報選択や情報同士のつながりを検討するのに困難を感じる度合いが高まると同時に，下書きにより情報を調整する度合いが高まる」について検討する。質問紙中の，「文章はどんな書き方をしましたか？」ということがらに関する回答結果，および産出文章の中身に関する分析結果から，どの群の書き手も同程度に，選択情報の吟味，および情報同士のつながりを検討していたと思われる。しかし，下書きまでして情報を収めようとした参加者の数，および文章を書くことに困難を感じていた参加者の数は200字群で多くなった。また，困難を感じていた理由について尋ねたところ，情報量の調整および情報同士のつなぎ方という点を挙げた。以上の点を踏まえると，産出字数を短くすることで，書き手は内容情報の選択，情報同士のつながり，情報量の調整に困難を感じていたことが考えられる。したがって，仮説③は支持されたと言える。

(2) 字数制限のメリットに関する検討

得られた結果を踏まえ，制限字数を短くすることのメリットについて考察を加える。本研究では，題材を文章化するのに適切な字数として400字群を設定し，制限字数をさらに短くする群として200字群を設定した。そして，使用情報数，200字あたりの使用情報数，核情報の使用個数，一情報あたりの使用字数などを比較検討した。結果として，400字群は字数無制限群に比べ，一情報あたりの使用文字数が少なかった。一方で，200字あたりの使用情報数，および核情報の使用個数には違いが見られなかった。このことから，400字という字数が本研究における課題としては最適であり，最適な制限字数を課すことで，書き手は必要な情報を効率よく文章にまとめる，と考えられる。以上のことから，字数制限を課すことで，無制限の場合と比べ，書き手が産出した文章はエッセンスの詰まったものになると言えよう。

次に，産出字数を短くすることについて検討を加える。200字群の場合，400字群や字数無制限群と比べて核情報の使用個数が少なくなったものの，使用情報に占める核情報の割合は高くなった。一方，200字あたりの使用情報数では，字数無制限群より多かったものの，400字群とは違いが見られなかった。また，一情報あたりの使用字数は400字群とは違いが見られなかったものの，字数無

制限群よりは少なかった。さらに，200字群においては下書きを行った人数が多くなっていた。これらの点を踏まえると，情報をコンパクトにまとめる面では400字と違いはないものの，重要な情報を使用した割合は400字に比べてさらに高くなったことから，書かれた文章は400字群の場合と比べてよりエッセンスが詰まったものになったと言えよう。

その次に，書き手が選んだ内容カテゴリーの含有率について検討する。200字群では「人口統計要因」，400字では「人口統計要因」・「歴史・政治」に関する情報の割合が高くなった。また，字数無制限群においては，「歴史・政治」の値が「国民生活」よりも高くなった以外にはカテゴリー間で割合に有意な違いは見られなかったものの，含有率を高い方から並べると，「歴史・政治」・「人口統計要因」・「産業・経済」・「国民生活」の順になった。

以上を踏まえると，書き手は割り当てられた字数に応じて必要な情報を適宜選択し，文章をまとめていたと言えよう。しかし，情報選択および情報同士をつなげることについて困難を感じていた人数が200字群で有意に多かった点を考慮すると，産出字数を短くすることで，書き手は，情報の取捨選択，あるいは情報同士のつながりをより意識しなければならなかった，つまり，使用情報をより吟味しなければならなかったと考えられ，梶田（1998）や梅田（2000）の指摘が裏付けられたと言えよう。

本章では，書き手に対して行った外的操作は「字数制限」一点だけであり，それ以外に，内容情報選択や情報同士のつながり等に関する介入は特に行わなかった。それにもかかわらず，産出字数を短くした場合，書き手は必要な情報を絞り込む，あるいは，情報を効率よく使うという結果が生じた。これを教室場面や個人の文章産出課題遂行場面に置き換えると，書き手は指導者からの特別な外的介入を受けることなく，限られた字数内に情報を収めるため，自ら情報を精選し，それらを並べかえる，という活動を行うことになる。以上のことから，字数制限は，教育場面に用いる際にも，書き手の情報選択，およびそれらの効率的使用を促す手段の一つとして有効であると考えることができよう。

（3）今後の課題

最後に，今後の課題を挙げる。制限字数を短くすることで，書き手は必要な

情報を効率的に使用した。しかし，同時に情報選択に困難を感じていたことも示された。したがって，書き手自身が困難を感じることなく情報を取捨選択し，効率的に用いるようにできるにはどうすれば良いか，今後検討の必要があろう。金子（1988）は短期大学における教育実践を通じ，繰り返し字数制限文を書くことで，書き手の情報の吟味に関するスキルに上達が見られたことを報告している。では実際，産出字数を短くした状態で「繰り返し書く」ことによって，情報吟味に関するスキルにおける上昇が見られ，産出文章に対する評価は向上するのであろうか。この点については次章で実証的に検討する。

6 字数制限文産出練習を繰り返すことの効果に関する検討

6-1 本章の目的

　本章の目的は，字数制限文産出練習を繰り返す（以下，「繰り返し書く」と表記する）ことにより，書き手の文章産出スキル，とりわけ，情報選択スキル・情報の組織化のスキルといった内容吟味に関するスキルに上昇が見られるのかどうかを検討することである。

　第1章で取り上げたように，今日，高等教育課程における文章教育が重視される傾向にある。多くの大学で，基礎教育科目として文章産出に関する教育実践を取り入れる動きが見られるが，何をどのように指導していく必要があるのか，という側面についての有益な知見があまり得られていないのが現状である。そこで，先行研究の概観，および第2章～第4章における検討を行ったところ，文章産出スキルを高めていく上で，まずは内容的側面，とりわけ，内容情報の取捨選択スキルを育成することが重要であることが明らかにされた。また，選択情報同士のつながり具合を検討する（Hayes（1996）で"non-content planning"と表記されるプロセス）スキルの育成も無視できないことが指摘された。

　このようにして，まず4章までの部分において，「何を指導する必要があるか」という側面について検討を加えた。そして，第4章までの知見に基づき，第5章では，「どのように指導するか」という側面を検討する手がかりとなる事項についての検討がなされた。具体的には，書き手自身の内容情報の取捨選択や選択情報同士のつながり具合の検討という活動を促すのに有益な方略として，字数制限を課して産出字数を短く制限するという外的操作を行うことの有効性

を取り上げ，その効果を実証的に検討した。そして，産出字数を短く制限することにより，内容情報の取捨選択が適切に行われること，その際に，書き手は内容情報をよく吟味し，選択情報をどのようにつなげるかということについても一生懸命考えることが示された。しかし，同時に，内容情報の選択に困難を感じていることも示された。それだけでなく，産出文章上においては，選択内容情報の適切さ，内容情報同士のつながりの側面について，産出字数にかかわらず評定値に有意な違いが見られなかった。今日の大学生が文章産出を行う場面を考えると，限られた時間，限られた字数の中で内容を的確に他者に伝えることが求められる場合が多くなっていることから，内容情報の選択や情報同士のつながり具合の検討について，困難を感じることなく遂行し，かつ，これらの側面のスキルを高めるにはどうすればよいかを考えていくことが求められるであろう。その一つの方略として，本章では繰り返し書くことの有効性を検討する。

　一つのことを繰り返し練習することの効果については，これまでにも，教授学習領域における先行研究で実証的な検討がなされてきた。堤・嶋田(2004)は，アルファベットの文字を使った計算課題（加算課題）を行った。そして，練習を重ねるにつれて，加算される数字の量が多くなったとしても，回答するまでの時間が減少したことを報告した。吉田・寺澤・前本・勝部・太田（2004）は，高校生に対して5分間ドリル学習（英単語の学習）を行った。その結果，学習者が繰り返し見た単語ほどテストで正答したことを明らかにした。その他，Hatano, Miyake, & Binks（1977）における算盤の研究などによっても，同じことがらを繰り返し行うことでそのことがらに習熟し，技能の遂行の速さにおいて上昇が見られることが示された。

　一方，文章産出領域においても，僅かではあるが，繰り返し書くことの重要性を指摘した知見が得られている（Herrington, 1981 ; Johnstone, Ashbaugh, & Warfield, 2002 ; McLeod & Maimon, 2000 ; Parks & Goldblatt, 2000 ; Royster, 1992 ; Russell, 1992）。中でもJohnstoneら（2002）は，会計学を専攻する大学生を対象にして，専門科目の講義の中でビジネスライティングを用いた課題を行ったところ，学年が上がるにつれ，文章産出スキルに向上が見られることを報告している。

しかし，Johnstoneらの研究で文章産出スキル測定のために用いていた課題とは，「ビジネスプロフェッショナルとはどのようなことを意味するか」という，書き手の考えを問う形式のものであり，トレーニング時に使用した実務文書の題材とはジャンルが大きく異なっている。また，実際の文章産出トレーニングに用いたジャンルでの文章産出スキルに違いは生じたのか，生じたとすればどのような側面に違いが生じたのか，といった点については明らかにされていない。さらに，この研究において目的とされていることが会計学専攻の大学生の職業訓練であることから，学習者は必要性ゆえ，ビジネスライティングに関するスキルを身に付けることが急務であったと考えられる。こうした問題点を踏まえると，当該分野に精通していない書き手に対して文章産出トレーニングを行うなどして，学習者が自らの立場とあまり関係ないジャンルの課題に取り組んだ場合の文章産出スキルそのものに焦点を当てた研究を行う必要があろう。

以上のことから，本研究では，心理学を専門としない，しかも教職を強く志望しているわけではない大学生に対し，教育心理学に関する講義で習った内容を高校1年生程度の生徒に紹介する（600字程度），という課題を課し，課題遂行の初期と終期とでは文章産出スキルに変化が見られるのか，変化が見られるとすればどのような側面に変化が見られるのか，という点を検討する。なお，字数を600字としたのは，毎回の講義で扱う内容について，筆者と文章執筆経験が豊富な60代大学教官の計2名で最適産出字数を検討した結果，800～900字程度必要と判断されたことから，800字よりは短く，かつ，内容紹介をするのにあまり短すぎない字数にする必要がある，という点を考慮したからである。

ところで，ここまでに紹介した知見で得られたことがら，および第3章〜第5章における知見によって得られたことがらを踏まえると，同じ条件（たとえば，「産出可能字数を一定にしておく」とか「ビジネスライティングのような，決まった書式の文章を繰り返し書く」といったことがら）で文章を書く練習を繰り返すことにより，次のことが見られると予想される。すなわち，

①課題に取り組みやすくなる
②課題完成までの時間が減少する
③課題に対する評定に上昇が見られる

④内容情報選択スキルに上昇が見られる
⑤内容情報同士のつながり具合を検討するスキルに上昇が見られる

以上の事項が見られると予想される。そこで，以下，これら5点について検討を加える。

6-2　繰り返し書くことが書き手の文章産出スキルの変化に及ぼす影響（1）

【方　法】

実践参加者　国立A大学1年生40名（男性22名，女性18名，平均年齢19.0歳）。全員が「教育の心理学」という教育心理学関連科目の受講者である。受講者は全員，情報教育課程の1年生であり，心理学は専門外の領域である。また，この講義を受ける前には心理学関係の講義を受講した経験がないので，参加者の心理学に対する知識はほぼ一定の水準であると判断した。さらに，高等学校までの教育課程において，文章産出に関する特別な訓練を受けていない。なお，受講者の多くは教員免許取得を希望しない者であるが，必修科目として学生全員の受講が義務付けられている。

実践教材　教育心理学のテキスト（弓野，2002），補足資料，講義用ノート，質問紙

実践手続き　本研究は，教育心理学に関する講義を通して行われたものである。参加者には毎回，筆者が教育心理学に関する講義を行い，その回に学習した事項を高校1年生に紹介する（600字程度），という課題を課した。講義中，参加者は板書や発話事項を自由にメモしたが，講義内容として最低限必要な事項についての記入漏れや聞き漏らしが発生しないよう，また，当該領域に対する書き手の持つ情報量に違いが生じることのないよう，書き込みを行うためのプリントをあらかじめ配布し，その中に書き込みをするよう求めた。毎回の課題は宿題とし，次の講義の時間に回収した。集められた文章について，記載不足の事項，内容情報同士のつながり，語句や表現の使い方などの点で気になった箇所へのコメントを筆者が行い，翌週，参加者に返却した。返却の際には同時に，内容情報選択，内容情報同士のつながり，語句表現の使い方等の面でで

TABLE17 毎回の講義における課題の内容（回数は，講義週の週数を表す）

時期	講義週	講義内容
初期	第3週	発達とは？（「発達」に関する概説，発達に影響を及ぼす要因など）
	第4週	記憶の発達
	第5週	認知の発達
中期	第6週	知能と創造性の発達
	第8週	社会性の発達
	第10週	学習とは？
終期	第11週	学習における動機づけ
	第12週	学習指導法（1）
	第13週	学習指導法（2）

きが良かった答案についても紹介した。なお，課題遂行時には，教科書，講義中にとったノート，補足資料など，必要な物は何でも使って良いことが告げられた。講義は全部で15回（期間は2003年10月～2004年2月）行われ，そのうち11回で600字論述課題を行った（毎回の課題の内容はTABLE17 参照）。ただし，初期の1回は練習として，思春期の発達に関して見せたビデオの内容を紹介するという題材で課題を課したので分析対象から除外した。また，「記憶の発達」については1ヶ月の間に同じ課題を2回課したことから，後者を分析対象から除外した。こうして，残り9課題について，初期の3回分を「初期課題」・終期の3回分を「終期課題」とし，本研究における分析対象とする。なお，15回目の講義（最終講義）には，総括として質問紙を配布し，参加者自身に，各回の文章産出課題をふりかえって質問への回答を求めた。中身は，①「初期課題の作成に要した時間」，②「終期課題の作成に要した時間」，③「（初期課題作成時に比べ）終期課題において文章が書きやすくなったと思うか（3段階評定）」の3項目である。

文章の採点　参加者から得られた9課題分の文章について，筆者と大学生1名（心理学専攻で，国語科の教員免許を有し，論述課題の採点経験が豊富である）の2名が独立に採点を行った。採点にあたっては，各文章について，Butcher & Kintsch（2001）で作成された採点の観点（①書き手が選んだ内容情報は課題に対して適切であるか：選択情報の適切さ，②内容情報同士のつな

がりは適切であるか：情報同士のつながり，③適切な語句・表現を使って，文章を読み手に伝わりやすくしているか：修辞的側面，④総合得点）を用いて，「①選択情報の適切さ」〜「③修辞的側面」については1〜5（5が最高点）の5段階で，「④総合得点」については1〜10（10点が最高点）の10段階で採点を行った。採点の際には，答案の採点順，各回の書き手の答案の採点順をランダムとし，採点した順番が採点結果に影響を及ぼすことを防いでいる。2者の採点結果の一致率を求めるため，ピアソンの積率相関係数を算出したところ，$r=0.61$〜0.82という結果になったことから，本研究では，2者の採点結果の平均値を各参加者の文章得点とし，以後の分析に用いた。

【結　果】
　参加者から得られた文章，および最終講義において行った質問紙調査への回答結果を基にして，以下の点について検討を加えた。

（1）課題に対する取り組みやすさ（書きやすさ）
　質問項目（3）「(初期課題作成時に比べ）終期課題において文章が書きやすくなったと思うか（3段階評定）」に対する評定結果について検討を加える。評定値未記入の参加者6名を除き，34名分の回答を集計した結果，「そう思う（評定値3）」と答えた参加者が22名，「どちらともいえない（評定値2）」と答えた参加者が6名，「そう思わない（評定値1）」と答えた参加者が6名見られた。χ^2検定により，回答者の人数の散らばりについて検討したところ，$\chi^2_2=13.00$（$p<.001$）となり，χ^2値が有意であった。そこで，残差分析を行ったところ，「そう思う」と答えた書き手の人数が有意に多かった。

TABLE18　初期と終期の比較　　（(　)は標準偏差）

	初期	終期	t値
文章完成までの時間（分）	48.00 (25.63)	34.69 (19.93)	6.03***
文章得点	7.13 (0.90)	7.65 (0.59)	3.10**

*** : $p<.001$　　** : $p<.01$

TABLE19 初期と終期の文章得点 (( ) は標準偏差)

	選択情報の適切さ	情報同士のつながり	修辞的側面
初期の得点	3.89 (0.33)	4.07 (0.27)	4.28 (0.32)
終期の得点	4.53 (0.19)	4.18 (0.21)	4.28 (0.27)
t 値	10.24***	2.11*	0.03

*** : $p<.001$ * : $p<.05$

(2) 文章完成までの時間

文章完成までに要した時間について検討を加えた（欠測値は系列平均によって推定）。初期‐終期間で対応のある t 検定を行ったところ，$t_{38}=6.03$（$p<.001$）となり，終期の時間が初期に比べて有意に短くなった（結果はTABLE18参照）。

(3) 産出文章の総合得点

初期課題と終期課題の総合得点に違いが見られるかどうかを検討するため，対応のある t 検定を行ったところ，$t_{37}=3.10$（$p<.01$）となり，終期の得点の方が高くなった（結果はTABLE18参照）。

(4) 内容情報選択・情報同士のつながり具合の検討に関するスキルの変化

得られた文章について，①書き手が選んだ内容情報は課題に対して適切であるか：選択情報の適切さ，②内容情報同士のつながりは適切であるか：情報同士のつながり，③適切な語句・表現を使って，文章を読み手に伝わりやすくしているか：修辞的側面，の3観点に分けて採点を行った。次に，得られた結果について，第3週～第5週を「初期」，第11週～第13週を「終期」とし，初期・終期それぞれに，各側面に関する採点結果の平均値を求めた（以後，初期の採点結果の平均値を「初期の得点」，終期の採点結果の平均値を「終期の得点」と表記する）。そして，①選択情報の適切さ，②情報同士のつながり，③修辞的側面それぞれについて対応のある t 検定を行ったところ，①選択情報の適切さ，②情報同士のつながりにおいては t 値が有意であり，終期の得点の方が初期の得点に比べて高かった。一方，③の修辞的側面に関する項目についても対応のある t 検定を行ったが，結果は有意ではなかった（結果はTABLE19参照）。

【考　　察】

　本研究の目的は，繰り返し書くことによって，①課題に取り組みやすくなる②課題完成までの時間が減少する，③課題に対する評定に上昇が見られる，④内容情報選択スキルに上昇が見られる，⑤内容情報同士のつながり具合を検討するスキルに上昇が見られる，以上の5事項が見られるかどうかを検討することであった。以下，仮説の検証，および，仮説を踏まえた検討を行う。

（1）仮説の検証

　まず，仮説①「課題に取り組みやすくなる」，という点について検討する。取り組みやすさ（書きやすさ）に関する3段階の評定結果を基にχ^2検定を行ったところ，「書きやすい」と答えた参加者の数が有意に多くなったことから，仮説①は支持されたと言えよう。

　次に，仮説②「課題完成までの時間が減少する」について検討を加える。初期においては文章完成までに平均で48分かかっていたが，終期に入ると平均34.69分で文章を完成させていたと回答していたことから，文章を書く練習を繰り返したことによって，次第に文章完成までの時間が減少したことが考えられる。よって，仮説②は支持されたと言えよう。

　その次に，仮説③「課題に対する評定に上昇が見られる」について検討する。初期の得点が7.13点であったのに対し，終期の得点が7.65点となっており，t検定の結果，終期の得点の方が高くなったことから，仮説③は支持されたと言えよう。

　さらに，仮説④「内容情報選択スキルに上昇が見られる」・仮説⑤「内容情報同士のつながり具合を検討するスキルに上昇が見られる」について検討を加える。まず，情報選択の面については，初期の得点が3.89点であったのに対し，終期の得点は4.53点となっており，終期の得点の方が有意に高くなっていた。また，情報同士のつながりについても同様に，終期の得点の方が初期の得点に比べて有意に高かった。このことから，繰り返し書くことで，情報選択，情報同士のつながりの検討のスキルを書き手自身が身につけることが考えられる。よって，仮説④・⑤については支持されたと言えよう。

（2）仮説を踏まえた検討

　仮説①～⑤についてはおおむね支持された。そこで，仮説が支持されたことからどのようなことが言えるのかについて，以下で検討する。

　まず，仮説①において，文章の書きやすさが増した書き手の数が多くなり，仮説②では文章完成までの時間に減少が見られた。この結果だけを踏まえると，書き手がただ「同じ形式の文章を書くことに慣れた」という解釈をすることもできるであろう。実際，文章の書きやすさに関する回答結果に理由づけしてもらったところ，「書くことに慣れた」という回答が得られている。もし「慣れ」によってこれらの効果が生じたとすれば，それは書き手の文章産出スキルが上昇したとは言えないばかりか，これら２点以外の面に変化が見られないことが推測される。しかし，実際には，産出文章の総合得点が上昇していただけでなく，選択情報の適切さ，情報同士のつながりの側面に関する読み手の採点結果にも上昇が見られた。これらの点を踏まえると，書き手はただ600字の文章を書くことに慣れただけでなく，字数内に情報を収めるために，自ら情報を適切に取捨選択し，しかも選択した情報を適切に配置する，という面についてのスキルを身につけたと判断することができよう。このことから，繰り返し書くことにより，書き手は文章産出スキル，とりわけ，内容的側面に関するスキルを初期よりも高めたことが考えられる。

　しかしながら，本研究で得られた結果は，講義の受講学生全体を対象にして検討を加えたものにすぎない。受講者が一定の学力水準を有しているとは言え，元々持っている文章初期の総合得点の高さは異なることが考えられる。そのため，繰り返し書く練習をすることについて，元々持っている文章産出スキルの違いにより，上昇するスキルの側面やその度合いが異なるかどうか，という点について検討する必要がある。このことから，本研究で得られた結果について，初期における得点の違いによって書き手の文章産出スキルの変化の度合いに違いが見られるのかどうかを検討する必要があろう。そこで以項では，初期の得点を基に，書き手を「総合得点高群」と「総合得点低群」の２群に分け，6-2で検討した（1）「課題に取り組みやすくなる」～（5）「内容情報同士のつながり具合を検討するスキルに上昇が見られる」について群による変化の度合いに違いが見られるかどうかを検討する。

6-3 繰り返し書くことが書き手の文章産出スキルの変化に及ぼす影響（2）
― 教育実践初期の文章産出スキルの高さの違いを踏まえた検討 ―

【問題と目的】

　本節の目的は，書き手が教育実践初期において有している文章産出スキルの高さの違いが，繰り返し書くことによる書き手の文章産出スキルの変化に及ぼす影響を検討することである。6-2において，繰り返し文章を書くことで，初期の頃に比べて終期の方が産出文章に対する評定，情報選択や情報同士のつながりに対する評定が高くなることが示された。また，終期の方が初期に比べ，①文章の書きやすさの度合いが高かった，②課題を仕上げるまでの時間が短くなった，という点も示された。しかし，6-2では，書き手が教育実践初期において有している文章産出スキルの高さの違いを考慮していなかった。そこで，6-3では，6-2で得られた文章のうち，初期の総合得点の高さを元々の文章産出スキルの高さとし，参加者を2群（総合得点高群／総合得点低群）に分け，初期の総合得点の高さの違いによって文章得点の上昇のしかたが異なるのかどうか，などの点を検討する。

【方　　法】

　実践参加者，実践材料，実践手続き，実践で得られた文章の採点要領は全て6-2と同じである。

【結　　果】

　得られた文章得点を基に，参加者の群分けを行った。群分けの際は「初期の文章得点」を用いた。そして，得点が10点中7点以下のものを「総合得点低群（$n=18$）」，7点よりも高いものを「総合得点高群（$n=22$）」とし，以下の分析を行った。

TABLE20 文章の書きやすさに関する回答

評定	総合得点高群 (n=20)	総合得点低群 (n=14)	計	p値
3:「書きやすい」	14	8	22	0.68
2:「どちらとも言えない」	3	3	6	
1:「書きにくい」	3	3	6	
計	20	14	34	

(1) 課題に対する取り組みやすさ（書きやすさ）

　初期に比べて文章が書きやすくなったかどうかを検討するため，「（初期の課題作成時に比べ）文章が書きやすくなったと思うか（3段階評定）」という質問への回答結果について検討を加えた。34名の回答結果について，初期の総合得点の高さ（総合得点高群／総合得点低群）×評定値（1:「書きにくい」～3:「書きやすい」）のフィッシャーの直接確率計算を行った結果，$p=0.68$ となり，p 値は有意ではなかった（TABLE20参照）。

(2) 文章完成までの時間

　6-2では，参加者全体として終期の方が文章完成までに要した時間が短くなることが示された。そこで，初期の総合得点の高さによって文章完成までの時間に違いが見られるのかどうかを検討した。時期（初期／終期）×初期の総合得点の高さ（総合得点高群／総合得点低群）の2要因分散分析を行ったところ，時期の主効果（$F(1,38)=33.61$　$p<.001$）が有意で，終期の産出時間が短くなったが，初期の総合得点の高さの主効果，および交互作用は有意ではなかった（TABLE21参照）。

TABLE21　文章完成までの時間（文章産出スキル別）（　）は標準偏差

	総合得点高群 (n=22)		総合得点低群 (n=16)		F値		
	初期	終期	初期	終期	時期	(参加者)群	時期× (参加者)群
文章完成 までの時間	52.86 (25.77)	38.14 (21.31)	41.31 (24.67)	29.95 (17.40)	33.61***	1.93	0.56

*** : $p<.001$

TABLE22 初期と終期の文章得点(文章産出スキル別) (( )は標準偏差)

	総合得点高群 (n=22)		総合得点低群 (n=18)		F 値		
	初期の得点	終期の得点	初期の得点	終期の得点	時期	(参加者)群	時期×(参加者)群
選択情報の適切さ	4.06 (0.28)	4.51 (0.22)	3.67 (0.27)	4.56 (0.12)	151.54***	9.85**	15.80***
情報同士のつながり	4.12 (0.28)	4.18 (0.17)	4.01 (0.25)	4.22 (0.24)	6.51*	0.51	1.94
修辞的側面	4.25 (0.30)	4.28 (0.27)	4.33 (0.36)	4.31 (0.29)	0.01	0.47	0.24
総合得点	7.76 (0.54)	7.65 (0.59)	6.34 (0.58)	7.66 (0.61)	21.21***	29.60***	29.58***

***：$p<.001$　**：$p<.01$　*：$p<.05$

(3) 産出文章の総合得点

時期の違い(初期と終期),および初期の総合得点の高さの度合いによって文章得点が異なるのかを検討するため,時期(初期／終期)×初期の総合得点の高さ(総合得点高群／総合得点低群)の2要因分散分析を行った。その結果,交互作用(F(1,38)=29.58　$p<.001$)が有意であったことから単純主効果の検定を行ったところ,総合得点低群において,終期の得点が初期に比べて有意に高くなった。また,初期の得点は総合得点高群よりも低かった。一方,総合得点高群については,時期による得点の違いは見られなかった(TABLE22参照)。

(4) 内容情報選択・情報同士のつながり具合の検討に関するスキルの変化

①選択情報の適切さ,②情報同士のつながり,③修辞的側面の3側面について,時期や初期の総合得点の高さの違いによって得点の変化が見られるかどうかを検討した。その結果,「①選択情報の適切さ」において交互作用が有意であったことから(F(1,38)=15.80　$p<.001$),単純主効果の検定を行ったところ,「初期の得点」において,総合得点高群の得点が低群の得点よりも有意に高くなった。一方,「②情報同士のつながり」については,時期の主効果のみが有意であり(F(1,38)=6.51　$p<.05$),終期の得点の方が初期に比べて高くなった

(TABLE22参照)。また，③の修辞的側面については，時期や初期の総合得点の主効果，交互作用のいずれにおいても有意ではなかった。

【考　察】

本研究の目的は，6‐2で得られた結果について，書き手の初期の産出文章の総合得点の高さによる違いが見られるのかどうかを検討することであった。以下，①「課題に取り組みやすくなる」〜⑤「内容情報同士のつながり具合を検討するスキルに上昇が見られる」についての群間比較の分析結果を基に考察を加える。

まず，「①課題に取り組みやすくなる」について検討を加える。初期の総合得点の高さ（総合得点高群／総合得点低群）×評定値（1：「書きにくい」〜 3：「書きやすい」）のフィッシャーの直接確率検定を行ったが，p 値は有意ではなかった。ただし，評定値3（「書きやすい」）をつけた書き手の数は，総合得点高群では20名中14名（70％），総合得点低群では14名中8名（57％）と，その割合は多くなっており，6‐2の結果から，両群を合わせた人数は34名中22名（65％）であったことを考えると，初期の総合得点の高さにかかわらず，課題への取り組みやすさが増す方向にあることが考えられる。

次に，「②課題完成までの時間が減少する」について検討する。初期の総合得点の高さ（総合得点高群／総合得点低群）×時期（初期／終期）の2要因分散分析の結果，時期の主効果のみが有意となり，終期の方が文章完成までの時間が短くなっていた。このことから，文章初期の総合得点の高さにかかわらず，繰り返し書くことにより，書き手の文章を完成させるまでのスピードが早まったことが考えられる。

次に，「③課題に対する評定に上昇が見られる」について検討を加える。初期の総合得点の高さ（総合得点高群／総合得点低群）×時期（初期／終期）の2要因分散分析を行ったところ，総合得点低群において，終期の方が初期よりも点数が高くなった。一方，終期の得点については，総合得点高群との違いは有意ではなかった。この結果を踏まえると，総合得点低群の書き手は総合得点高群と比べ，繰り返し文章を書いているうちに，何らかの形で文章を書くことに慣れてきた，もしくは文章産出スキルを高めたことが考えられる。

その次に,「④内容情報選択スキルに上昇が見られる」および「⑤内容情報同士のつながり具合を検討するスキルに上昇が見られる」について検討する。内容情報選択・情報同士のつながりの両者ともに,初期の総合得点の高さ(総合得点高群／総合得点低群)×時期(初期／終期)の 2 要因分散分析を行った。その結果,内容情報選択については,初期において,総合得点低群の得点が総合得点高群の得点よりも有意に低かったのに対し,終期では両群の得点の違いは有意ではなかった。また,総合得点低群の得点を見ると,終期の得点が初期に比べて有意に高くなっていた。このことを考えると,総合得点低群の書き手の方が総合得点高群の書き手に比べ,内容情報選択スキルを伸ばしたことが考えられる。一方で,情報同士のつながりについては時期の主効果だけが有意であり,初期の総合得点の高さにかかわらず,終期の得点の方が高くなっていたことから,初期の総合得点の高さにかかわらず上昇が見られたことが考えられる。

6-4　総合的討論

本章の目的は,書き手の文章産出スキル,特に,内容情報の選択,および情報同士のつながり具合の検討に関するスキルを高め,かつそれらについて困難を感じることなく遂行するために,600字という字数条件の下で繰り返し文章を書く,といった「字数制限文を繰り返し書く」ことの効果について,教育実践を通じて実践的検討を行うことであった。そこで,2 つの研究で得られた知見を基に,繰り返し書くことのメリットについて考察する。

本章では,2 つの分析を通じて,字数制限文を繰り返し書くことの効果について検討を加えた。その結果,文章完成までの時間については終期の方が短くなった。6-2 の考察で述べたように,この結果だけを見ると,書き手がただ,「600字制限の文章を書く」ということ自体に慣れた,と解釈することもできる。また,産出文章の総合得点において,終期の文章の方が初期の文章に比べて採点結果が高くなり,文章をさらに細かく「選択情報の適切さ」および「情報同士のつながり」という側面から検討を加えたところ,同様に,終期の文章の採点結果が高くなった。この結果についても,扱う内容が毎回異なるため,講義内容の難易度がもたらしたものであるという解釈もできるだろう。しかしなが

ら，終期の課題の方が初期の課題に比べて「取り組みやすくなった」と回答した参加者が有意に多かったことも考慮すると，字数制限文を繰り返し書く練習をしたことによって，書き手は情報選択や情報同士のつながりに関するスキルを初期に比べて身につけたと考えることができよう。よって，繰り返し書く練習をしたこと自体が書き手の文章産出スキルを向上させることに寄与したと考えられる。また，6-3で得られた結果を踏まえると，内容情報の選択については，文章産出スキルの低い書き手においてスキル上昇の度合いが大きくなること，情報同士のつながりについては，文章産出スキルの高い書き手であってもスキル上昇が見られる，といったことが考えられる。こうした結果を見ても，文章産出スキルがどの程度身についているかということによって，側面が異なるとはいえ，産出スキルそのものはさらに伸びることが考えられよう。

　本研究に参加した参加者は国立A大学の40名一クラスだけであった。そのため，得られた結果をすぐに一般化することは困難であると思われる。しかし，全員が情報教育課程という，文章産出，あるいは今回の課題の内容であった心理学とは全く関係のない領域を専攻している学生で，しかも学力水準がほぼ一定であるとは言え，文章産出教育を特に受けたわけではなかった。こうした参加者集団であっても内容情報選択や情報同士のつながりの面におけるスキルの伸びが見られたことは，本研究の知見を大学教育の現場に生かしていく上でも有益なものであったと考えることができよう。ただし，いくつかの課題が生じたので，以下，今後の課題と考えられる事項を挙げる。

　まず，参加者数を増やすことが必要になる。本研究では，A大学の学生一クラスで行った教育実践で得られたデータのみを分析対象としている。そのため，文章産出スキルの面について，「相対的に『高い』（または『低い』）」というレベルで参加者を分類していた。したがって，初期の総合得点の高さが本研究の書き手よりもより高い，あるいはより低い人を対象にした教育実践も行い，本研究と同様の結果が得られるのかどうかを検討することが必要になるであろう。ただし，文章産出スキルが相対的に異なる書き手でさえ，内容情報選択のスキルには大きな違いが見られ，それが練習によって改善されたという本研究の知見そのものは，文章に関する教育の場面で指摘されている「文章を書く力を高めるには繰り返し書くことが必要です」ということがらに対する一つの裏

づけと考えられる。また,書き手のどのようなスキルを育成する必要があるか,という点を検討する上でも意義があると思われる。

　次に,フィードバックの効果に関する検討の必要性を挙げる。本研究は教育実践として行われたものであるため,課題作成ごとに担当者が書き手にフィードバックを行っている。結果としては,全体としても,初期の総合得点の高さを別にしても,内容的側面においてスキルの上昇が見られた。しかし,フィードバックそのものについては表現など修辞的側面に対してなされたものも含まれる。したがって,内容的側面か修辞的側面,どちらの面でのフィードバックが多かったかによって参加者の群分けを行い,全体としての文章産出スキル,および内容的・修辞的側面におけるスキルの上昇の度合いを比較検討することも必要になってくるであろう。

　その次に,低年齢の参加者を対象とした教育実践研究の必要性を挙げる。本研究に参加したのは大学生であり,既に,初等・中等教育課程を修了している。そのため,文章産出に関する特別なトレーニングを受けてはいなくとも,既に,日記などを通して文章そのものを書く活動は経験してきている。そのため,文章を書くときに最初の一文字分をあける,句読点をつけるなど,必要最低限の修辞技法は十分に習得していることが考えられる。ただし,小学生・中学生といった低年齢の児童生徒の場合は大学生と同様であるとは言えず,先に挙げたような修辞技法について,十分に習得しているわけではない可能性が考えられる。そのため,このような状態の書き手であっても,繰り返し書く練習をすることで本研究同様の結果が得られるのかどうか,検討することが必要になってくるであろう。

7　総合的討論

7-1　本書における研究で得られた知見の整理

　本書では，高等教育課程に在籍する学生の文章産出スキルを高めるためにはどのような側面に関するスキルをどのように育成することが有効であるのか，ということがらについて，第1章～第6章を通じて検討を加えた。そこで，全体をまとめる形で，どのようなことが明らかになったのか，また，今後，さらにどのようなことを検討する必要があるのか，ということについて総括する。

7-2　各章において明らかになったこと

　第1章～第6章を通じて明らかになったことについて挙げる。

　第1章・第2章における先行研究の概観により，①文章産出スキルの高い書き手の方が低い書き手に比べ，内容的側面（内容情報の取捨選択，情報同士のつながりの検討）を重視していること，②内容的側面を重視していることは，メタ認知的知識重視度合い，あるいは実際の産出文章にも反映されることが考えられる，ということが示された。しかしながら，書き手が持つメタ認知的知識とはどのような事項を指すのか，あるいは，メタ認知的知識の各事項が全体としてどのような構造をなしているのか，といったことについての検討がなされてこなかったことも示された。そこで，第3章では，大学生・専門学校生を対象にして，文章産出に関して持っているメタ認知的知識の中身にどのようなことがらがあるのかを検討した。その結果，14項目にわたる事項が見出され，それらは大きく，「伝わりやすさ」，「読み手の興味・関心」，「簡潔性」の3側面に分かれることが示された。また，文章産出スキルの高い書き手は，「伝わ

りやすさ」という産出文章全体についての事項を重視するのに対して，産出スキルの低い書き手の場合は「簡潔性」という，産出文章の中身そのものとはあまり関係のない，句読点などの文章細部の形式面を重視する傾向が見られる，という形で，重視している側面が異なることも見出された。しかし，重視している事項を実際に文章産出活動の中で活用できるかどうか，という点については，あまり活用できていないと自己評価していることが見出された。実際には何らかのメタ認知的知識の活用を行っているとは思われるが，適切なメタ認知的モニタリングを行うことが難しいという結果が得られたことから，第4章以降では，実際の文章産出活動や産出文章における違いについての検討を行うことで，大学生の文章産出スキルを育成するためには「何」を「どのように」指導すれば良いのか，という点について検討を加えることとした。

　まず，第4章では，第3章における大学生・専門学校生に対して行った文章産出課題（オカピ，という動物について，この動物を知らない大学生程度の人に200字程度で紹介）によって得られた文章，および書き手の文章産出活動について，産出文章に対する評定（総合得点）の高さによってどのような違いが見られるか，ということについて検討を加えた。産出文章の評定値において，上位4分の1を総合得点高群（文章産出スキル高群），下位4分の1を総合得点低群とし，両者の違いを比較検討したところ，総合得点高群では，オカピを知る上では重要度の低い情報の採択量が産出スキル低群よりも少なく，かつ，オカピという動物をイメージしやすいよう，「キリンとしまうまを足して2で割ったようなもの」といった情報を付加している人数が産出スキル低群よりも多いことが示された。一方で，一情報を説明するのに使用した字数，一文あたりの長さ，語句，表現の使用などについては群による違いが見られなかった。このことから，まずは内容的な側面，とりわけ，内容情報の精選，選択情報の組織化が重要であることが示された。

　次に，第4章の結果を受け，第5章では，書き手自身の内容情報の選択や選択情報の組織化に関する活動を促すにはどのような外的操作を行えばよいか，という点を検討する上で，字数制限を課し，産出字数を短くする，という操作を行い，その効果を実験的に検討した。具体的には，①産出字数が短くなると，文章に占める重要な情報の割合が高まる，②産出字数が短くなると，一つの情

報を説明するのに使う字数が減少する，③産出字数が短くなると，情報選択や情報同士のつながりを検討するのに困難を感じる度合いが高まると同時に，下書きにより情報を調整する度合いが高まる，の3仮説について，実験を通して検討を加えた．その結果，3つの仮説は全て支持され，産出字数を短く制限するということが，内容的側面（内容情報の選択・情報の組織化）に関する活動を促す上で有益である，ということが示された．

　ただし，第5章では，産出字数を短く制限した場合に内容的側面に関する活動は促進されたものの，書き手はその活動に対して困難を示していた．文章産出スキルを高める上では，こうした活動をできるだけ困難を伴わない状態で遂行することが必要になると考えられる．また，内容的側面に関しての活動が促進されたとは言え，そのことで産出文章に対する評定（総合得点，選択情報の適切さ，情報同士のつながり）が上昇してはいなかった．そこで，第6章では，書き手が内容的側面に関する活動を困難なく遂行することができるようになり，かつ，内容的側面に関する活動を実際の産出文章にも生かし，産出文章に対する評定を高めるのに有効な方略について検討を加えた．そのために，字数制限文を繰り返し書くことの効果について，大学生に対する教育実践を踏まえての検討を行った．その結果，①文章完成までの時間が減少する，②課題に対する評定値が上昇する，③情報選択スキルに上昇が見られる，④情報の組織化に関するスキルに上昇が見られる，⑤課題に取り組みやすくなったと答えた参加者の数が有意に多い，という事項が見られた．また，書き手が元々持っている文章産出スキルの度合いが低い（文章に対してつけられた総合得点の低い）方が，課題に対する評定値の上昇，情報選択スキルに対する評定結果の増加が大きくなっていたのに対し，情報の組織化，文章完成までの時間，といった点については元々の文章産出スキルによる違いに関わらず，上昇が見られた．このことから，繰り返し書くことは書き手の文章産出スキルを高める上では有効な手段の一つとなり得ること，内容情報の選択といった，産出情報から何を捨て，何を残すかといった活動については産出スキルの低い書き手において特に有効であること，などが示された．また，課題への取り組みやすさ，という点も併せて考慮すると，課題の難易度の違いにかかわらず，繰り返し書く練習を続けたことで書き手の文章産出スキルに上昇が見られた．

このようにして，文章産出スキルを育成する上では内容的側面（内容情報の選択，選択情報の組織化）に関するスキルを育成することが重要であること，そうした側面に関する活動を促す上では産出字数を短く制限することが有益であること，また，字数制限文を繰り返し書くことが内容的側面に関するスキルを育成することにとって有益であることが示された。そこで，得られた結果を基にしながら，以下の点について考察を加える。

7-3 内容的側面に関するスキル育成の重要性

第1章・第2章における先行研究の概観，および第3章～第5章における研究で得られた結果により，内容情報の取捨選択，および情報の組織化といった，内容的側面に関するスキルの高さが産出文章の総合評定に影響を及ぼしていることが示された。Bereiter & Scardamalia (1987)，Flower & Hayes (1980)，Hayes (1996) らの文章産出プロセスモデルにより，文章産出プロセスにおいては，書く内容の生成，生成事項の言語化，組織化，文章化，推敲など，様々な活動が行われていることが知られている。また，こうしたプロセスだけでなく，読み手に関する情報を長期記憶の中から検索する，などの活動についても同時に行い，産出活動と連携していることについても指摘がなされている。こうした活動の中で，内容を文章化する部分に焦点を絞ると，内容の生成，内容の取捨選択や組織化，文章化，といったプロセスが見られる。すなわち，まず何を書くかを考え，考えたことがらの中から何を捨てて何を残し，残したものをどう編成するか，といった操作を行い（梶田，1998），内容を吟味していることになる。内容吟味については，岸・綿井(1997)，Langer(1984)，﨑濱(2003a)，van der Hoeven (1999) といった先行研究でその重要性が指摘されているし，Fitzgerald & Markham (1987) の推敲に関する知見においても，文章産出スキルの高い書き手の方が産出文章の内容部分を吟味していたことが示されてはいた。しかし，内容部分を吟味したことが実際の産出文章の中にどのような形で反映されるのか（たとえば，テーマを知る上での重要度が高い情報が捨てられるのか，それとも重要度が低い情報が捨てられるのか，などの事項）について実証的に検討を加えた知見は今までに得られていなかった。この点について検討を加えたのが第4章であった。第4章で使われた題材は「オカピ」という

動物に関する資料であり，ジャンルや情報の中身，あるいは情報の呈示の方法（箇条書きになっており，各項目を組み合わせれば文章が完成する形になっていた）が極めて限定されていた。しかしながら，限定された題材を用いた場合でさえ，文章産出スキルの高い書き手において，重要度の低い情報を選択する数が少なくなる，といった形で文章産出スキルの低い書き手との間に違いが生じることが明らかにされた。また，第5章の研究において，産出文章に対する評定結果には反映されなかったものの，字数制限を課して産出字数を短く制限することにより，テーマに対して重要な情報を中心に文章をまとめていたこと，および，内容情報の取捨選択や情報の組織化のために，書き手が各情報をより吟味していたことが示された。さらに，情報取捨選択や情報の組織化に関しては，字数制限文を繰り返し書く練習を行うという実践活動によってそのスキルに上昇が見られたことが，第6章の研究によって示された。これらの点を踏まえると，文章産出スキルを伸ばす方法の一つとして，内容情報取捨選択および情報の組織化に関するスキルを育成することが重要であると考えられる。これを大学における教育実践に応用させるとすれば，内容の吟味を伴うような文章産出課題を課し，書き手が内容的側面にかける時間を増加させる，といった形をとることが考えられよう。もちろん，実際の教育場面で扱われている文章のジャンルは，本研究のような，情報伝達文の中でも「書き手の意見や考えを書く種類のものではない」という形式とは異なる場合が多い。すなわち，資料を与えてその中の情報を活用する，という形の文章産出課題を課すことは少なく，与えられたテーマに対して，書き手自身が自ら，必要な情報を長期記憶中から検索するという，既有知識を活用して文章を産出することが多い。書き手自身が持つ既有知識の量や質，あるいは長期記憶へのアクセスのしやすさは個人間で大幅に異なっている場合があるので，教育実践場面の場合は，こうした点をも考慮することは必要になるであろう。しかしながら，教育実践の中で本研究のような資料を使った文章産出活動を取り入れる，といった形をとることは可能であると考えられる。

7-4　字数制限を課し，産出可能字数を短くすることの効果

第3章において，文章産出スキルの高い書き手の方が内容的側面（伝わりや

すさ）に関するメタ認知的知識を重視していることが示された。また，第4章における研究より，文章産出スキルの高い書き手の場合，実際の文章産出活動の中で，与えられた資料（オカピに関するもの）の中のあまり重要でない情報を選択する個数が少なかった。さらに，資料中の情報（オカピの写真）をうまく利用して，「キリンとしまうまを足して2で割った感じ」といった，読み手がオカピをイメージしやすい情報を付加する，といった活動を行っていた。こうした結果に加えて，岸・綿井（1997），Langer（1984），﨑濱（2003a），van der Hoeven（1999）といった先行研究で，文章産出スキルの高い書き手ほど内容の吟味を行っているという知見が得られていることから，内容的側面（内容情報の取捨選択，情報の組織化といった，内容吟味に関する事項）に関する活動を促す上で有益な手段として，字数制限を課し，産出可能字数を短くする，という操作を行うことの効果を検討したのが第5章である。内容的側面に関する活動を促す手段としては，これまでにも，読み手を意識する（杉本，1991；佐藤・松島，2001），書き手に読み手からのフィードバックを与える（岸・綿井，1997），文章産出活動を援助するための外的手がかりを示す（Butcher & Kintsch, 2001；Scardamalia, et al., 1984）といった外的操作を行うことの効果が検討されてきた。しかしながら，これらの外的操作にはそれぞれ抱えている問題が存在する。そこで，以下に問題点を述べた上で，字数制限を繰り返し書くことの効果について検討する。

　まず，「読み手を意識する」といった場合，「読み手が持っている知識や体験にひきつけて書く」をはじめ，何らかのメタ認知的知識を有し，そのことがらを実際の文章産出活動の中にうまく活用していくことが重要になると考えられる。しかし，第3章より，メタ認知的知識の活用度合いを適切にモニタリングすることが困難であることが示されているし，﨑濱（2003b）のように，読み手を想像すること自体の難しさを指摘する知見も得られていることから，実際に内容的側面に関するスキルを育成することを考えると，あまり有効な方略であるとは言えないことが考えられよう。また，「文章産出活動を援助するための外的手がかりを示す」という点についても，手がかり事項の指している中身，および，中身の事項を実際の文章産出活動の中にどのように生かしていけば良いのか，という点についての理解がなされていない限り，あまり有益な方略で

はないと考えられる．

　次に，読み手からのフィードバックを与える，という点について触れる．この点については，岸・綿井（1997）で，書き手の産出文章の質が改善するという点で効果があることが示されている．しかしながら，こうしたフィードバックを実際の大学教育場面で実施するためには，フィードバックを依頼できる評価者の確保が必要となり，多大なコストが伴うことが推測される．

　これらの点と比較すると，字数制限を課して産出字数を短くする，という操作であれば，産出可能字数内に内容情報を収める必要があるため，書き手自身が，多数の情報の中から何を捨て，何を残し，残したものをどう編成するかといった操作を行わなければならない，という状況に置かれることになる．つまり，具体的な外的介入や教示がなくとも，書き手自身が，内容的側面に関する活動を自ら行わなければならないことになる．大学における文章産出課題（文章教育関係科目での課題作成やレポート作成），電子メール等の文書作成など，書き手が実際に文章産出活動を行う状況を考えると，個人単位で行うことが多いと考えられることから，字数制限付きの課題を課すことで，書き手個人が課題作成を行うのに近い状況を作り出すことが期待できる．また，指導者側から見ても，特別な外的介入あるいは教示を行う必要がないので，何をどう指導しなければならないか，という面について試行錯誤するコストが削減でき，その分，文章指導そのものに時間を割くことが可能になるであろう．これらの点を踏まえると，字数制限を課すことが内容的側面に関する活動を促す上で有益であると考えられる．実際，第5章における研究から，①字数制限を課すことで，無制限の場合と比べ，書き手が産出した文章はエッセンスの詰まったものになった，②産出字数を短くすることで，書き手が産出した文章はさらにエッセンスの詰まったものになったと同時に，書き手は，情報の取捨選択，あるいは情報同士のつながりをより意識しなければならなかった，といったことが指摘された．

7-5　字数制限文を繰り返し書くことの効果

　前節において，字数制限を課すことの効果に関する考察を行った．そこで，本節では，字数制限文を繰り返し書くことの効果についての考察を行う．

金子（1988）は，字数制限文を繰り返し書くことで，書き手の情報吟味の側面に効果が見られることを指摘した。文章を繰り返し書くことについては，Johnstoneら（2002）でも実証的な検討が試みられているものの，実際にどのような効果があるのか，という側面について実証的な検討を試みた知見は今まで得られていなかった。この点を検討したのが第6章であるが，字数制限文を繰り返し書くことで，内容情報の吟味，情報の並べ替えといった「内容的側面」に関するスキルに上昇が見られたことが示された。また，そのスキルの上昇は文章産出スキルの低い書き手で大きくなったものの，文章産出スキルの高い書き手であっても，内容情報の組織化の側面において得点の上昇が有意であったことから，字数制限という外的操作によって促された活動を書き手自身に定着させ，実際の文章産出活動の中で有効に活用していく上で，繰り返し書くことが有効であったと考えられる。

7-6 今後の課題

7-2～7-5を踏まえ，本書においては扱うことができなかったものの，今後の研究活動において検討が必要な課題を挙げる。

第一に，本書で得られた知見の教育実践場面への応用である。本研究においては，課題として参加者にあらかじめ資料を配布し（第6章では，資料となる事項についてメモ書きさせた），資料中の情報を取捨選択，あるいは再構成する，という形で文章の産出を求めた。そのため，書き手が行った活動は情報の取捨選択や再構成が中心であり，内容情報の産出，というプロセスについては本研究内で取り扱いがなされていない。しかし，大学における実際の文章教育を考えると，当該テーマに対して，書き手自身が書く内容を産出，取捨選択，構成することが求められる。また，情報同士を結びつけるために接続語を補うなど，適宜，文章表現上書き手自身が知りえたことについて長期記憶中を検索し，検索した結果を用いて文章化することが求められる。そのため，内容的側面に加えて，表現技法など，修辞的側面による影響も無視できない。よって，この方面も考慮した上で課題を作成すること，およびスキル育成を図ることを考える必要があるだろう。

第二に，メタ認知の側面の多面的検討である。本研究では，第2章で14項目

のメタ認知的知識を取り扱ったが，本来，書き手が重視するメタ認知的知識の側面とは，もっと多くの項目から成り立っているものと考えられる。よって，さらに質問項目を増やし，書き手のメタ認知的知識について多面的に検討することが求められる。また，多面的なメタ認知的知識について，文章産出スキルの高い書き手と低い書き手とでは重視度合いが異なるのかどうか，といった点の検討も必要になるであろう。

　第三に，メタ認知的知識の変化に関する検討である。繰り返し文章を書くことで，書き手の重視するメタ認知的知識の側面や重視度合いに変化が見られるのか，その変化は文章産出スキルが高まったことを反映したものであると言えるのかどうか，という点についてもさらに検討を加える必要があろう。

　第四に，字数制限文を扱った実験である。今回は，産出字数を短く制限したものを実験材料とした。しかし，何文字未満であると書き手の内容的側面に関する活動にとって妨げになるのか，あるいは，適切な字数よりも長い字数を指定して文章産出を求めた場合，産出字数を短く制限する時とどのような違いが見られるのか，といった点について検討することも必要である。

　第五に，繰り返し書くことについてである。字数制限文を繰り返し書くことで内容的側面に関するスキルが高まったことが示されたが，では，その変化が生じた文章産出トレーニングの段階（セッション），あるいは，課題の難易度や書き手にとっての当該内容に対する興味の度合いの違いによる産出文章への影響を検討することも必要になるであろう。また，文章産出スキルの高い書き手の場合，どのような技法に関してスキルの低い書き手と異なるのか，という点についても検討の余地があろう。

　第六に，対象となる書き手の年齢段階について挙げる。本研究においては，書き手を大学生・大学院生・専門学校生とした。書き手の持つスキル自身が結果に影響を及ぼすことを避けることが目的であったが，小学生〜高校生と高等教育課程の学生との文章産出活動における活動には一体どのような違いが見られるのか，といったことについては，今まであまり明らかにされていない。よって，違う年齢段階における研究も必要であろう。

引 用 文 献

相賀徹夫（編）(1963). 日本百科大事典3　小学館
相賀徹夫（編）(1985). 日本大百科全集4　小学館
Bandura, A., & Schunk, D. H. (1981). Cultivating competence, self-efficacy, and intrinsic interest through proximal self-motivation. *Journal of Personality and Social Psychology*, **41**, 586-598.
Benton, S. L., Kraft, R. G., Glover, J. A., & Plake, B. S. (1984). Cognitive capacity differences among writers. *Journal of Educational Psychology*, **76**, 820-834.
Bereiter, C., & Scardamalia, M. (1987). *The psychology of written composition*. Hillsdale, NJ: Lawrence Erlbaum Associates.
Berninger, V. W., Vaughan, K. B., Rogan, L. W., Brooks, A., & Graham, S. (1997). Treatment of handwriting problems in beginning writers: Transfer from handwriting to composition. *Journal of Educational Psychology*, **89**, 652-666.
Brown, A. L. (1976). The construction of temporal succession by preoperational children. In A. D. Pick (Ed.), *Minnesota symposium on child psychology* (Vol. 10), pp.28-83. Minneapolis: University of Minnesota Press.
Brown, A. L., & Smiley, S. S. (1977). Rating the importance of structural units of prose passages: A problem of metacognitive development. *Child Development*, **48**, 1-8.
Brown, A. L., Day, J. D., & Jones, R. S. (1983). The development of plans for summarizing texts. *Child Development*, **54**, 968-979.
文化審議会 (2003). 文化審議会国語分科会国語教育等小委員会の意見のまとめ http://www.mext.go.jp/b_menu/shingi/bunka/toushin/03091202.htm
Butcher, K. R., & Kintsch, W. (2001). Support of content and rhetorical processes of writing: Effects on the writing process and the written product. *Cognition and Instruction*, **19**, 277-322.
Coffman, W. E., & Kurfman, D. A. (1968). A comparison of two methods of reading essay examinations. *American Educational Research Journal*, **5**(1), 99-107.
Durkin, D. (1978-1979). What classroom observations reveal about reading comprehension instruction. *Reading Research Quarterly*, **14**, 481-533.
遠藤めぐみ (1991). 夜間短大生の読み書き概念　日本教育心理学会第33回総会発表論文集, 347-348.
Englert, C. S., Stewart, S. R., & Hiebert, E. H. (1988). Young writer's use of text structure in expository text generation. *Journal of Educational Psychology*, **80**, 143-151.
Ferrari, M., Bouffard, T., & Rainville, L. (1998). What makes a good writer? Differences in good and poor writers' self-regulation of writing. *Instructional*

Science, 26, 473-488.
Fitzgerald, J., & Markham, L. R. (1987). Teaching children about revision in writing. *Cognition and Instruction*, 4, 3-24.
Fitzgerald, J., & Teaslet, A. B. (1986). Effects of instruction in narrative structure on children's writing. *Journal of Educational Psychology*, 78, 424-432.
Flower, L., & Hayes, J. R. (1980). The dynamics of composing: Making plans and juggling constraints. In L. W. Gregg, & E. R. Steinberg (Eds.), *Cognitive processes in writing*, pp.31-50. Hillsdale, NJ: Lawrence Erlbaum Associates.
二石朝子（2004）．「確かな力」を付ける高等学校の実践　日本語学, 37（5）, 62-72.
濱名　篤（2004）．大学生にとっての円滑な移行　大学教育学会誌, 26, 37-43.
Hatano, G., Miyake, Y. & Binks, M. G. (1977). Performance of expert abacus operators. *Cognition*, 5（1）, 47-55.
Hayes, J. R. (1996). A new framework for understanding cognition and affect in writing. In C. M. Lavy, & S. Ransdell (Eds.), *The science of writing: Theories, methods, individual differences, and applications*, pp.1-28. Mahwah, NJ: Lawrence Erlbaum Associates.
Herrington, A. J. (1981). Writing to learn: Writing across the disciplines. *College English*, 43, 379-387.
Humes, A. (1983). Research on the composing process. *Review of Educational Research*, 53, 201-216.
市毛勝雄（1998）．発信型の作文指導（作文の一）　月刊国語教育, 98年5月号, 112-116.
岩間正則（2004）．「書く力」を身に付けさせることで［確かな学力］の育成を図る　日本語学, 23（5）, 37-47.
Johnstone, K. M., Ashbaugh, H., & Warfield, T. D. (2002). Effects of repeated practice and contextual-writing experiences on college students' writing skills. *Journal of Educational Psychology*, 94, 305-315.
梶田正巳（1998）．勉強力をつける　筑摩書房
金子泰子（1988）．短期大学での文章表現指導：短作文（二百字字数制限作文）指導の研究　紀要（上田女子短期大学）, 11, 11-26.
金子泰子（1989）．短期大学での文章表現指導　その2：短作文指導を通しての文章表現力の展開　紀要（上田女子短期大学）, 12, 23-48.
Kellogg, R. T. (2008) Training writing skills: A cognitive developmental perspective. *Journal of Writing Research*, 1, 1-26.
Kintsch, W. (1988). *Comprehension: A paradigm for cognition*. New York: Cambridge University Press.
Kintsch, W., & van Dijk, T. A. (1978). Toward a model of text comprehension and production. *Psychological Review*, 85, 363-394.
岸　学・綿井雅康（1997）．手続き的知識の説明文を書く技能の様相について　日本教育工学雑誌, 21, 119-128.
岸　学・吉川愛弓（2008）．説明的文章の産出における練習方法の比較　東京学芸大学紀

要総合教育科学系, 59, 125-133.
向後千春 (2002). 言語表現科目の9年間の実践とその再設計　大学教育学会誌, 24 (2), 98-103.
工藤陽一 (2002). 言語活動の段階的指導について・書く活動を中心に―高等学校国語科における実践カリキュラム―　日本語学, 21 (4), 75-84.
Langer, J. A. (1984). The effects of available information on responses to school writing tasks. *Research in the Teaching of English*, 18, 27-44.
Langer, J. A. (1986). *Children reading and writing: Structures and strategies*. Norwood, NJ: Ablex.
Langer, J. A. (1992). Speaking and knowing: Conceptions of understanding in academic disciplines. In A. Herrington & C. Moran (Eds.), *Writing, teaching, and learning in the disciplines*, pp.68-85. New York: Modern Language Association.
McCutchen, D. (1994). The magical number three, plus or minus two: Working memory in writing. In J. S. Carlson (Series Ed.) & E. C. Butterfield (Vol.Ed.), *Advances in cognition and educational practice* (Vol. 2). *Children's writing: Toward a process theory of the development of skilled writing*. Greenwich, CT: JAI.
McCutchen, D. (1996). A capacity theory of writing: Working memory in composition. *Educational Psychology Review*, 8, 299-325.
McCutchen, D. (2000). Knowledge, processing, and working memory: Implication for a theory of writing. *Educational Psychologist*, 35 (1), 13-23.
McCutchen, D., Abbott, R. D., Green, L. B., Beretvas, S. N., Cox, S., Potter, N. S., Quiroga, T., & Gray, A. L. (2002). Beginning literacy: Links among teacher knowledge, teacher practice, and student learning. *Journal of Learning Disabilities*, 35, 69-86.
McCutchen, D., Covill, A., Hoyme, S. H., & Mildes, K. (1994). Individual differences in writing: Implications of translating fluency. *Journal of Educational Psychology*, 86, 256-266.
McCutchen, D., Francis, M., & Kerr, S. (1997). Revising for meaning: Effects of knowledge and strategy. *Journal of Educational Psychology*, 89, 667-676.
McCutchen, D., & Perfetti, C. A. (1982). Coherence and connectedness in the development of discourse production. *Text*, 2 (1/3), 113-139.
McLeod, S., & Maimon, E. (2000). Clearing the air: WAC myths and realities. *College English*, 62, 573-583.
三宅和子・堀口純子・三原祥子・筒井洋一 (2004). 大学での「日本語」教育の意味と可能性―日本語教育, 国語教育, 人間関係教育, アカデミック・スキルズ教育を結ぶ視点―　日本語教育学会秋季大会パネルセッション資料（未公刊）
文部省 (1993). 中学校国語科資料 国語科における学習指導と評価―作文の学習指導―　文部省
文部省 (1999a). 中学校指導書 国語編　文部省
文部省 (1999b). 高等学校指導要領解説 国語編　文部省
文部省 (1999c). 小学校指導書 国語編　文部省

引用文献

文部科学省（2004）．大学における教育内容等の改革状況について　http://www.mext.go.jp/b_menu/houdou/16/03/04032301.htm#001
文部科学省（2008a）．中学校学習指導要領解説総則編　文部科学省
文部科学省（2008b）．小学校学習指導要領解説総則編　文部科学省
文部科学省（2010）．高等学校学習指導要領解説総則編　文部科学省
中島義明ほか（編）（1999）．心理学辞典　有斐閣
岡本真彦（1992）．算数文章題の解決におけるメタ認知の検討　教育心理学研究, 40, 81-88.
小野米一（1998）．大学生への作文教育実践　語文と教育, 12, 43-53.
大野木裕明（1994）．テストの心理学　ナカニシヤ出版
小田和早苗（2000）．ヒョウタンからコマ？の「記者会見」ごっこ　授業づくりネットワーク, 169, 24-26.
Pajares, F. (1996). Self-efficacy beliefs in academic settings. *Review of Educational Research*, 66, 543-578.
Pajares, F., & Miller, M. D. (1994). Role of self-efficacy and self-concept beliefs in mathematical problem solving: A path analysis. *Journal of Educational Psychology*, 86, 193-203.
Pajares, F., & Miller, M. D. (1995). Mathematics self-efficacy and mathematics performances: The need for specificity of assessment. *Journal of Counseling Psychology*, 42, 190-198.
Parks, S., & Goldblatt, E. (2000). Writing beyond the curriculum: Fostering new collaborations in literacy. *College English*, 62, 584-606.
Ransdell, S., & Levy, M. (1996). Working memory constraints on writing quality and fluency. In C. M. Lavy, & S. Ransdell (Eds.), *The science of writing: Theories, methods, individual differences, and applications*, pp.93-106. Mahwah, NJ: Lawrence Erlbaum Associates.
Rohman, D. G. (1965). Pre-writing: The stage of discovery in the writing process. *College Composition and Communication*, 16, 106-112.
Royster, J. J. (1992). From practice to theory: Writing across the disciplines at Spelman College. In A. Herrington, & C. Moran (Eds.), *Writing, teaching, and learning in the disciplines*, pp.119-131. New York: Modern Language Association of America.
Russell, D. R. (1992). American origins of the writing-across-the-curriculum movement. In A. Herrington, & C. Moran (Eds.), *Writing, teaching, and learning in the disciplines*, pp. 22-46. New York: Modern Language Association of America.
崎濱秀行（2003a）．文章産出スキルの違いが文章中における使用情報に及ぼす影響　日本教育心理学会第45回総会発表論文集, 514.
崎濱秀行（2003b）．書き手のメタ認知的知識やメタ認知的活動が産出文章に及ぼす影響について　日本教育工学雑誌, 27, 105-115.
崎濱秀行（2003c）．読み手に関する情報の違いが文章産出プロセスや産出文章に及ぼす

影響について　名古屋大学大学院教育発達科学研究科紀要（心理発達科学），50，207-212.

﨑濱秀行（2005）．字数制限は，書き手の文章産出活動にとって有益であるか？　教育心理学研究，53，62-73.

佐内信之（2000）．インターネット立ちあい授業の試み　授業づくりネットワーク，169，9-14.

三宮真智子（編）（2008）．メタ認知―学習力を支える高次認知機能　北大路書房

佐藤浩一・松島一利（2001）．読み手を意識することが説明文の産出に及ぼす影響　日本教育心理学会第43回総会発表論文集，67.

Scardamalia, M., Bereiter, C., & Steinbach, R. (1984). Teachability of reflective processes in written composition. *Cognitive Science*, 8, 173-190.

Schunk, D. H. (1981). Modeling and attributional effects on children's achievement: A self-efficacy analysis. *Journal of Educational Psychology*, 73, 93-105.

Schunk, D. H. (1982). Effects of effort attributional feedback on children's perceived self-efficacy and achievement. *Journal of Educational Psychology*, 74, 548-556.

Schunk, D. H. (1984). Sequential attributional feedback and children's achievement behaviors. *Journal of Educational Psychology*, 76, 1159-1169.

私学高等教育研究所（2003）．私立大学における1年次教育の実際―「学部長調査」（平成13年度）の結果から　私学高等教育研究所調査報告書

清水幾太郎（1953）．私の文章作法　潮出版社

下中邦彦（編）（1981）．世界大百科事典4　平凡社

下中邦彦（編）（1984）．大百科事典2　平凡社

集英社（1996）．imidas別冊付録アジア＆ワールド・データブック'96　集英社

杉本明子（1991）．意見文産出における内省を促す課題状況と説得スキーマ　教育心理学研究，39，153-162.

杉本　卓（1989）．文章を書く過程　鈴木宏昭・鈴木高士・村山　功・杉本　卓　教科理解の認知心理学　新曜社

田中真理（1992）．精神遅滞児の物語理解におけるメタ認知能力の役割　教育心理学研究，40，185-193.

Teale, W. H., & Sulzby, E. (1985). Literacy acquisition in early childhood: The roles of access and mediation in storybook reading. In W. A. Daniel (Ed.), *The future of literacy in a changing world*. Comparative and international education series (Vol. 1), pp. 111-130. Elmsford, NY: Pergamon Press.

筒井洋一（2005）．言語表現ことはじめ　ひつじ書房

筒井洋一・山岡萬謙（1999）．研究交流部会討論報告　大学教育学会誌，21（2），91-93.

堤　教彰・嶋田博行（2004）．自動性の獲得に及ぼす学習テンポの効果　日本認知心理学会第2回大会発表論文集，31.

梅田卓夫（2000）．文章表現四〇〇字からのレッスン　筑摩書房

梅本堯夫・菅眞佐子（1984）．短文作成課題に対する領域特有の知識量の影響　日本教育心理学会第26回総会発表論文集，206-207.

van der Hoeven, J. (1999). Differences in writing performance: Generating as indicator. In M. Torrance, & D. Galbraith (Eds.), *Knowing what to write*, pp.65-78.Amsterdam: Amsterdam University Press.

Voss, J. F., Vesondor, G. T., & Spilich, G. J. (1980). Text generation and recall by high high-knowledge individuals. *Journal of Verbal Learning and Verbal Behavior*, 19, 651-667.

Wiseman, S. (1949). The marking of English composition in grammar school selection. *British Journal of Educational Psychology*, 19, 200-209.

吉田哲也・寺澤孝文・前本恭子・勝部厚志・太田信夫（2004）．個人データに見られる5分間ドリル学習の効果―客観テストデータに関して― 日本認知心理学会第2回大会発表論文集，34．

吉倉紳一（1997）．大学生に日本語を教える―必修「日本語技法」新設の顛末 言語，26（3），18-26．

吉倉紳一（1999）．全学必修科目「日本語技法」の新設とそのマニュアル作成の経験 大学教育学会誌，21（2），82-86．

弓野憲一（編）（2002）．発達・学習の心理学 ナカニシヤ出版

Zimmerman, B. J., & Bandura, A. (1994). Impact of self-regulatory influences on writing course attainment. *American Educational Research Journal*, 31 (4), 845-862.

Zimmerman, B. J., & Kitsantas, A. (1999). Acquiring writing revision skill: Shifting from process to outcome self-regulatory goals. *Journal of Educational Psychology*, 91, 241-250.

Appendix A　オカピに関する資料

＜課題＞
　下記に,「オカピ」という動物の資料があります。この資料を使って,オカピを知らない人にも分かるよう,この動物を説明する文章を作ってください。この文章の読み手は皆さんと同年代の方とします。なお,字数は200字程度を目安として書いてください(字数は前後してもよい)。
(白紙や資料には,下書きなどをしてもらってもかまいません。ただし,書いたことは消さないようお願いします。)

〈オカピに関する資料〉
1　アフリカのコンゴ地方(の森林)に住む
2　体の色は保護色
3　簡単には発見できない
4　オスには,キリンのような2本の短い角がある
5　歯は合計32本
6　生後まもなく起立(新生児)
7　鼻先は長い
8　角の先端には裸出している骨片がある
9　ひづめはジラフのように2個
10　妊娠期間は14ヶ月
11　2本の短い角(オス)は皮フでおおわれている
12　夜出歩く
13　生息地は湿った熱帯雨林
14　体は暗い茶色
15　5月頃,1子を産む
16　首がやや長い
17　体毛は短い
18　体重15kg(新生児)
19　1回に1子を生む

20　メスはやや小形
21　1900年に皮の一部が採取された
22　眼は大きい
23　体の高さ80cm（新生児）
24　発見当時は馬の一種と考えられていた
25　キリン科
26　ホニュウ類
27　世界の22の動物園で見られる
28　尾には房毛がある
29　1957年，パリの動物園で繁殖に成功した
30　6 〜 12時間後，乳を吸い始める（新生児）
31　耳は長く大きい
32　舌は長い
33　体長2 m
34　聴覚（ちょうかく）が優れて（すぐれて）いる。
35　体の高さ1.5 〜 1.7mくらい
36　<u>偶蹄目（ぐうていもく）</u>
37　木の葉，果物，木の芽などを食べる
38　体の後方が低い
39　体重200 〜 250kgである
40　単独または1つがいで熱帯雨林の奥深くで生活する
41　唇（くちびる）はよく動く
42　キリンと共通の祖先をもつ
43　1901年に発見された
44　<u>大腿部（だいたいぶ）</u>と尻の部分に白い縞（しま）がある
45　尾長30 〜 40cm
46　メスには角がない
47　全世界で42頭生息している

〈コンゴの位置・オカピの写真〉

〈下線部の項目　解説〉

偶蹄目	「ぐうていもく」。第3指と第4指の2本が発達し，第1指は退化して2本または4本のひづめをもつ。草食性で，反芻（はんすう）する牛，羊（ひつじ），シカなどと，反芻しないカバ，イノシシなどに分類される。

（キリンは反芻する種類に入っているが，本当のところ，それはあやしい。）

反芻	「はんすう」。一度飲み下した食物を口の中に戻し，かみなおして再び飲み込むこと。

ジラフ	キリンのこと。

| 大腿部 | 「だいたいぶ」。脚の付け根から膝（ひざ）までの部分。ふともも，もものこと。 |

Appendix B　モーリタニア国資料（※は「核情報」）

項　目	項目に該当する説明	カテゴリー分類	重要度評定値	
国名	モーリタニア・イスラム共和国	人口統計要因	4.79	※
人口	221万人	人口統計要因	3.84	
面積	102.6万平方キロメートル（日本の2.7倍）	人口統計要因	3.74	
首都	ヌアクショット（人口39.3万人）	人口統計要因	3.16	
主要都市	ヌアジブー（5.9万人）	人口統計要因	2.74	
政体	共和制	歴史・政治	3.95	
憲法	1991年7月　新憲法承認	歴史・政治	2.95	
議会	2院制	歴史・政治	2.58	
議席数	上院56〈うち，海外のモーリタニア人3議席，間接選挙，任期6年〉 下院79〈任期5年〉	歴史・政治	1.58	
政党	共和民主社会党，モーリタニア再生党，民主勢力連合，民主主義国民統一運動	歴史・政治	1.84	
元首	（マウイヤ・ウルド・シディ・アハメド・）タヤ大統領	歴史・政治	3.42	
首相	（シディ・モハメド・ウルド・）ブバカー	歴史・政治	3.16	
位置	西アフリカ，大西洋に面する国	人口統計要因	4.37	※
	大半が砂漠地帯で乾燥している	人口統計要因	3.95	
	南部のセネガル川流域の平野は肥沃な可耕地	人口統計要因	3.37	

歴史

年代	出来事	カテゴリー分類	重要度評定値
10世紀頃まで	黒人支配の土地	歴史・政治	3.68
11世紀	アラブ人，ベルベル人が南下，イスラム化	歴史・政治	3.16
15世紀	ヨーロッパ人が渡来	歴史・政治	2.90
20世紀初め	フランスの保護領となる	歴史・政治	3.63
1958年	11月，ダッダ初代大統領の下に自治共和国になる	歴史・政治	3.32
1960年	11月28日，独立	歴史・政治	4.05 ※
1961年	モーリタニア・イスラム共和国へ移行	歴史・政治	2.84
1961年	その後，経済危機からクーデターを招く	歴史・政治	2.90
1978年	ダッダ失脚	歴史・政治	2.74
1978年	その後，国家再建軍事委員会（CMRN）が全権を握る	歴史・政治	3.05
1979年	4月，CMRNは救国軍事委員会（CMSN）となる	歴史・政治	2.26
1979年	その後，ブセイフ中佐が首相に就任したが，5月に事故死	歴史・政治	2.00
1980年	ハイダラ大佐が後を継ぎ，1月，大統領になる	歴史・政治	2.21
1984年	12月，タヤ前首相が無血クーデターに成功，大統領に就任	歴史・政治	3.47
1991年	タヤ大統領は複数政党制の導入を決定	歴史・政治	3.05
1991年	7月の国民投票で新憲法を採用	歴史・政治	3.47
1992年	1月，複数政党制による大統領選挙実施 旧支配政党の共和民主社会党が軍部の支持を得て圧勝 民政に移行 しかし，この件に関して3・4月の上院下院両院選挙でも野党がボイコット	歴史・政治	3.00
1994年	1,2月，地方選挙 与党は最大野党の民主勢力連合を大きく引き離し，圧勝 しかし，組織的な不正が行われたとして，野党側は選挙の無効を訴えた	歴史・政治	2.90

項　目	項目に該当する説明		カテゴリー分類	重要度評定値	
	モーリタニアに関する事項	日本に関する事項			
言語	フランス語，アラビア語（共に公用語）	日本語	人口統計要因	4.00	※
民族	ベルベル系モール人約70％，他はツクルール，ウォロフなどの黒人	日本人が大多数，他にアイヌ人，朝鮮人，中国人など	国民生活	3.32	
宗教	イスラム教（国教）国民のほぼ100％が信者	仏教，神道，キリスト教など	人口統計要因	4.16	※
通貨	ウギア	円	産業・経済	2.58	
為替レート	1 us ドル=125.280ウギア	1 us ドル=130円	産業・経済	2.68	
外貨準備高	3200万ドル	717億2900万ドル	産業・経済	1.95	
金準備高	1万トロイオンス	2423万トロイオンス	産業・経済	1.84	
国防費	3630万ドル	4兆6835億ドル	産業・経済	2.37	
国民総生産	10億8700万ドル	3兆9266億6800万ドル	産業・経済	3.74	
国民総生産	510ドル（1人あたり）	3万1450ドル（1人あたり）	産業・経済	3.90	
産業別生産比率	農業29％，工業27％，サービス業など44％	農業2％，工業42％，サービス業など56％	産業・経済	3.58	
主な産業	鉱業，漁業，乳製品	電気・電子機器，半導体，鉄鋼，造船，自動車，機械，化学	産業・経済	4.00	※
主な資源	鉄，石膏，銅，キビ，ナツメヤシ，穀物，魚介類，アラビアゴム	石灰石，石炭，米，野菜，果物	産業・経済	3.68	
発電量	1億4600万kwh	8953億3600万kwh	産業・経済	2.05	
エネルギー消費量	435kg（1人あたり）	3314kg（1人あたり）	産業・経済	2.58	
輸入額	2億2200万ドル	2755億4800万ドル	産業・経済	3.16	
輸出額	4億3700万ドル	3973億7300万ドル	産業・経済	3.21	
対日輸入額	2956.7万ドル		産業・経済	3.42	
対日輸出額	1億4244.3万ドル		産業・経済	3.47	
観光収入	1500万ドル		産業・経済	2.32	
都市人口比率	50％	77％	人口統計要因	2.11	
インフレ率	8％	2％	国民生活	2.47	
鉄道輸送	貨物166億2300万トンkm	旅客3964億7200万km，貨物272億9200万トンkm	産業・経済	1.53	
自動車台数	乗用車1.2万台，商用車6000台	6326.6万台	産業・経済	2.53	
民間航空	旅客2億7500万人km，輸送合計4100万トンkm	旅客1080億8200万人km，輸送合計145億4200万トンkm	産業・経済	2.21	
テレビ台数	5万台	7650万台	国民生活	2.47	
ラジオ台数	30.9万台	1億1300万台	国民生活	2.21	
電話加入回線数	人口100人あたり0.4回線	人口100人あたり45.4回線	国民生活	2.37	
日刊紙発行部数	人口1000人あたり0.5部	人口1000人あたり576部	国民生活	2.53	
初等教育在学率	62％（該当年齢以外の在学者を含む）	100％	国民生活	4.00	※
高等教育在学率	3.3％	31.50％	国民生活	3.68	
非識字率	64.9％		国民生活	4.11	※
平均寿命	男46歳，女50歳	男76歳，女82歳	人口統計要因	3.63	
出生率	人口1000人あたり50人	人口1000人あたり11人	人口統計要因	3.63	
死亡率	人口1000人あたり18人	人口1000人あたり7人	人口統計要因	3.37	
在留邦人	5人		国民生活	2.26	
日本の在外公館	在セネガル大使館が兼轄		歴史・政治	1.84	

あとがき

　本書は，大学院入学以降に取り組んだ研究成果を加筆修正したものである。
　大学院では教育心理学専攻に所属し，以来文章産出領域での研究を進めてきたわけであるが，大学時代は教育大学の英語科に在籍し，英語教師を目指す同期生たちと共に学生生活を送っていた。本来は心理学科への進学を希望していながら，入学試験での失敗がもとでこのような道へ進んだのであるが，教育大学には幸いにも心理学専攻があったため，心理学の世界には折に触れて接することが可能であった。また，外国語という他領域に接したことで，言語に関する心理学的研究の存在を知ることにもなった。加えて，あることがらについて検討する場合，そのアプローチは領域によって異なる（一つのものごとを捉えるのにも様々な捉え方がある），ということを身をもって知ることができたように思う。
　このような時代を過ごした後，教育心理学専攻の大学院への入学を果たすことになったのである。
　さて，大学院入学後，いよいよ本格的に研究活動に取り組むことになるわけであるが，当初は卒業論文で取り組んだ，中学生の英語前置詞習得に関する研究を継続させるつもりであった。しかし，当時の指導教官の梶田正巳先生から「もっと広い視野から外国語習得を捉えた方が良い」という助言をいただいたこともあり，一から研究内容を検討することになった。入学してから半年以上は研究内容を模索している状況であったと思う。そのような大学院生生活の中で，ちょうどインターネットが急速に普及してきたこと，電子メールやホームページへのアクセスなどを通じ，他者とコミュニケーションをとることが容易になってきたことなどを実感するようになった。日常のほとんどを日本語環境で過ごしている私たちにとって，外国語を習得するというのは決して容易なことではない。しかし，インターネットを介したコミュニケーションによって外国語習得が促進されるのではないか，と考えるようになった。すなわち，あちこちのサイトを見る（読む）だけでなく，自身が「書く」ことを通じて実際に

外国語でコミュニケーションを図ることや外国語を習得することが可能ではないか，と考えるに至った。「書く」という活動に関心を持つようになったのは，こうした経緯からであった。それ以来，私の関心は「文章産出」という領域に特化することとなった。

　こうして文章産出研究に足を踏み入れることになった次第であるが，心理学の中ではあまり多くの研究がなされていない分野であることを知った。また，日常生活を考えてみても，多くの人が，文章を書くことに対してかなりの抵抗感を感じている，ということや，指導者も何をどのように指導していけば良いのかについて困難を極めていることを，先行研究や現場での教育実践記録を参照することで知るようになった。そのため，日本で日本語を使って生活している以上，まずは日本語の文章産出について考えなければならない，と思った次第である。もっとも，そんなに多くの知見が得られてはいない分野であることから，私自身「何を明らかにしたいのか」という点がなかなか定まらず，非常に困った。結果的に，修士論文では「字数制限の効果」，「文章産出におけるメタ認知の役割」という，2つの独立した領域に関する研究を何とか1つにまとめる，という形をとらざるを得なかった。

　博士後期課程に入ってからはさらに困ったことが起きた。正直なところ，この研究をどのようにまとめていけばよいのか，という点が全くと言って良いほど定まらず，3年間を随分無駄に過ごしたという反省が残る。実際は何もしていなかったわけではなく，「メタ認知」という，書き手の内的側面に関心を持って，内的側面の意識（重視度合いなど）の変容が文章産出スキルにも影響を与えているのではないか，という側面から細々と研究を行い，縦断でデータをとる，などのことも進めてはいたのである。ただ，その多くが「陽の目を見なかった」，というだけで。しかし，今からこのことを振り返ると，ある意味で「どじなことをした」と思う時がある。実は，博士後期課程入試の時，ある先生から「外的操作による実験的検討を行う，という視点を持つ方が良いのではないのか？」というご指摘をいただいていたのである。しかし，このことに真の意味で気づいたのは博士後期課程を満期退学した後のことであった。このご指摘を謙虚に受け止めなかったことはかなりの汚点かも知れない。結果的に，学位取得までに長い時間を要してしまった。近年，課程内で学位を取得することが

必要不可欠となりつつあるが，こうした無駄な時間を過ごしたことを振り返ると，「今一番必要なことは何か？」，「そのためにはどうすればよいか？」ということを常に考え，物事を要領よく進めることが大切であったことを痛感した。まさに，ある物事を行うプロセスで大事なことは，本書でも強調されている「内容的側面」であったと言える。

　このような出来事があり，指導教官の梶田正巳先生には大いにご迷惑をおかけした。博士前期課程から連続してご指導いただきながら，結果として名古屋大学を退官されるまでに学位論文を提出することは叶わなかった。その点は今でも心残りである。それにもかかわらず学位取得に向けて，また就職後も数多くのサポートをいただいており，心から感謝している。

　また，このことにより，後に博士学位論文の主査をご担当いただいた速水敏彦先生（現　中部大学人文学部）にも随分ご迷惑をおかけした。学位論文執筆時には，お忙しい中，原稿の隅々まで目を通して下さり，沢山の助言をいただいた。改めて御礼申し上げる次第である。

　加えて，学位論文の指導委員としてお世話になった野口裕之先生と藤村宣之先生（現　東京大学大学院教育学研究科）の存在も忘れてはならない。両先生とも，論文を改稿，それも「より良くする」ためにはどうすればよいかを常に考えて下さっていた。こうした，名古屋大学大学院在籍時にお世話になった先生方のサポートがなければ，学位論文の完成を見ることはなかったであろうし，ましてや本書の出版には至らなかった。こうした先生方のご厚意に厚く御礼申し上げる次第である。

　こうした先生方のサポートに加え，研究会・懇親会の場でアドバイスやご意見をいただいた学習グループの先生方，研究会や学会時にご意見をいただいた多くの先生方にこの場を借りて厚くお礼申し上げる次第である。

　そして，忘れてはならないのが，大学院生として共に同じ目標に向かって進んできた仲間の存在である。最も忘れられない出来事は，研究や論文投稿に行き詰った時，研究の円滑な遂行，あるいは論文の採択を目指して研究会（心研ゼミ）が誕生したということである。当初はメンバー全員の学位取得を目指していたが，結果的には全員が学位取得と高等教育機関への就職を実現させたばかりか，現在でも折に触れて研究会を行うまでになっている。創設に関わった

北折充隆氏（現　金城学院大学人間科学部），太田伸幸氏（現　中部大学現代教育学部），葛文綺氏（現　名古屋大学）をはじめ，ゼミの皆様には随分助けていただき，ここまで来られたのだと思う。

　しかし，こうして皆様に支えられ，本書を刊行するに至ったのは，この道に進むことを認め，支えてくれた両親あってのことだと思っている。残念ながら，父は2010年3月にこの世を去ってしまったが，ようやく研究成果を1冊の本にまとめられたことを墓前に報告したい。両親からの支援，そして皆様からいただいた支援に心から感謝する次第である。

初出一覧

　本書は，博士学位論文，下記論文および学会発表原稿を加筆修正したものである。

﨑浜秀行　1998　字数制限が文章表現過程に及ぼす影響について　日本教育心理学会第40回総会発表論文集，327.
﨑浜秀行　1998　字数制限（束縛）の有無が文章表現過程に及ぼす影響　日本心理学会第62回大会発表論文集，395.
﨑浜秀行　1999　作文・文章産出研究に関する一考察　教育心理学論集，**28**，43-53.
﨑濱秀行　2003　文章産出スキルの違いが文章中における情報使用に及ぼす影響　日本教育心理学会第45回総会発表論文集，514.
﨑濱秀行　2003　書き手のメタ認知的知識やメタ認知的活動が産出文章に及ぼす影響について　日本教育工学雑誌，**27**（2），105-115.
﨑濱秀行　2004　文章産出研究に関する考察　名古屋大学大学院教育発達科学研究科紀要（心理発達科学），**51**，77-86.
﨑濱秀行　2004　くりかえし書くことの効果に関する検討（1）　日本心理学会第67回大会発表論文集，1183.
﨑濱秀行　2004　くりかえし書くことの効果に関する検討（2）─文章産出スキルの高さの違いに基づいた検討─　日本教育心理学会第46回総会発表論文集，439.
﨑濱秀行　2004　くりかえし書くことの効果に関する検討（4）─内容的側面を中心として─　日本読書学会第48回研究大会発表資料集，104-112.
﨑濱秀行　2005　字数制限は，書き手の文章産出活動にとって有益であるか？　教育心理学研究，**53**，62-73.
﨑濱秀行　2007　文章産出スキルの違いが産出文章における使用情報の違いに及ぼす影響　名古屋学芸大学短期大学部研究紀要，**4**，119-124.
﨑濱秀行　2008　字数制限文を繰り返し書くことが書き手の文章産出プロセスや産出文章に及ぼす影響　日本教育工学会論文誌，**32**（suppl.），129-132.
﨑濱秀行　2012　文章産出スキルの違いが字数制限文を繰り返し書くことによる効果に及ぼす影響　阪南論集，**47**（2），165-172.

事項索引

あ

アイディアユニット　30
α係数　29
生きる力　4
一情報あたりの使用文字数　49, 58
1要因分散分析　60
因子分析　28
ウェルチの検定　34
オカピ　24

か

外的介入　8
外的操作　8
外的な手がかり　16
χ^2検定　74
書き手の長期記憶　10
書く　4
学習指導要領　2
学術分類　48
核情報　59
「課題環境」側面　11
課題状況　10
簡潔性　29
逆正弦変換　60
既有知識　87
教育実践初期　76
繰り返し書く　24
言語活動の充実　4
高等教育課程　2
国民生活　61
「個人」側面　11

さ

作文過程　10
産業・経済　61
産出アイディアの数　43
産出字数　44, 55
産出文章　15
思考力　4
自己効力感　15
字数制限　24
字数無制限群　56
実験操作　58
終期課題　71
重視するメタ認知的知識の側面　27
重要度　47
熟達者　12
順序効果　30
使用情報数　47, 58
情報伝達　3
　──文　7
情報同士のつながり　57
初期課題　71
初等・中等教育課程　2
人口統計要因　61
身体の特徴　48
総合得点　57
　──高群　33
　──低群　33

た

確かな学力　4
談話　1
知識加工　→ knowledge-crafting
知識表出　→ knowledge-telling
　──モデル　→ knowledge-telling model
知識変形　→ knowledge-transforming
　──モデル　→ knowledge-transforming model
知識量　18

長期作業記憶　18
伝わりやすさ　28
t 検定　36
　　対応のある——　73
動物そのものの特徴　48

な
内容情報の吟味　46
内容情報の適切さ　57
内容的側面　18
内容的妥当性　27
knowledge-crafting　13
knowledge-telling　13
　　——model　12
knowledge-transforming　13
　　——model　12
200字群　56
2要因分散分析　77

は
発話産出　1
発話理解　1
判断力　4
ピアソンの積率相関係数　33
非熟達者　12
評価者　22
表現力　4
評定一致率　33
フィードバック　22
フィッシャーの直接確率検定　49
プランニング　16
文章作成能力　6

文章産出　1
　　——課題　23
　　——活動　4
　　——教育　4
　　——時　30
　　——スキル　2
　　　——の高さ　33
　　——場面　27
　　——プロセス　9, 12
　　——方略　16
文章理解　1

ま
マクロ構造　19
メタ認知　15
　　——活用得点　36
　　——重視度得点　36
　　——的活動　17
　　——的コントロール　20
　　——的知識　17
　　　——活用度合い　35
　　　——重視度合い　21, 34
　　——の全体構造　27
　　——的モニタリング　21
モーリタニア　24

や・ら
読み手の興味・関心　28
読み手の知識状態　20
400字群　56
歴史　48
　　——・政治　61

人名索引

A
相賀徹夫　30
Abott, R. D.　17
Ashbaugh, H.　68

B
Bandura, A.　16
Benton, S. L.　18
Bereiter, C.　12, 14, 16, 18, 54, 86
Beretvas, S. N.　17
Berninger, V. W.　17, 18
Binks, M. G.　68
Bouffard, T.　17
Brooks, A.　17
Brown, A. L.　19, 56
Butcher, K. R.　46, 54, 71, 88

C
Coffman, W. E.　33
Covill, A.　17
Cox, S.　17

D
Day, J. D.　56
Durkin, D.　19

E
遠藤めぐみ　2
Englert, C. S.　19

F
Ferrari, M.　17, 43, 50
Fitzgerald, J.　19, 86
Flower, L.　10, 11, 17, 18, 86
Francis, M.　19

二石朝子　4

G
Green, L. B.　17
Glover, J. A.　18
Goldblatt, E.　68
Graham, S.　17
Gray, A. L.　17

H
濱名　篤　6
Hatano, G.　68
Hayes, J. R.　10, 11, 17, 18, 67, 86
Herrington, A. J.　68
Hiebert, E. H.　19
堀口純子　5
Hoyme, S. H.　17
Humes, A.　16, 19

I
市毛勝雄　3, 7
岩間正則　3

J
Johnstone, K. M.　68, 69, 90
Jones, R. S.　56

K
梶田正巳　54, 65, 86
金子泰子　53, 66, 90
勝部厚志　68
Kellogg, R. T.　13-15
Kerr, S.　19
Kintsch, W.　19, 46, 54, 71, 88
岸　学　11, 19-22, 26, 54, 86, 88, 89
Kitsantas, A.　17

向後千春　7
Kraft, R. G.　18
工藤陽一　3
Kurfman, D. A.　33

L

Langer, J. A.　18-20, 86, 88
Levy, M.　15

M

前本恭子　68
Maimon, E.　68
Markham, L. R.　19, 86
松島一利　20, 21, 26, 54, 88
McCutchen, D.　17-19, 44
McLeod, S.　68
三原祥子　5
Mildes, K.　17
Miller, M. D.　16
三宅和子　5, 26
Miyake, Y.　68

N

中島義明　1

O

岡本真彦　25, 26
小野米一　4
大野木裕明　53
太田信夫　68
小田和早苗　3, 7

P

Pajares, F.　16
Parks, S.　68
Perfetti, C. A.　18, 44
Plake, B. S.　18
Potter, N. S.　17

Q

Quiroga, T.　17

R

Rainville, L.　17
Ransdell, S.　15
Rogan, L. W.　17
Rohman, D. G.　9
Royster, J. J.　68
Russell, D. R.　68

S

﨑濱秀行　8, 20, 44, 86, 88
佐内信之　3, 7
三宮真智子　17, 25
佐藤浩一　20, 21, 26, 54, 88
Scardamalia, M.　12, 14, 16, 18, 19, 29, 54, 86, 88
嶋田博行　68
清水幾太郎　54
下中邦彦　30
Schunk, D. H.　16
Smiley, S. S.　56
Spilich, G. J.　18
Steinbach, R.　16
Stewart, S. R.　19
菅　眞佐子　55
杉本明子　20, 54, 86
杉本　卓　12-14
Sulzby, E.　19

T

田中真理　25, 26
Teale. W. H.　19
Teaslet, A. B.　19
寺澤孝文　68
筒井洋一　5, 6, 7, 8
堤　教彰　68

U

梅田卓夫　　54, 65
梅本尭夫　　55

V

van der Hoeven, J　　19, 86, 88
van Dijk, T. A.　　19
Vaughan, K. B.　　17
Vesondor, G. T.　　18
Voss, J. F.　　18, 55

W

Warfield, T. D.　　68

綿井雅康　　19-22, 26, 54, 86, 88, 89
Wiseman, S.　　33

Y

山岡萬謙　　7, 8
吉田哲也　　68
吉川愛弓　　11
吉倉紳一　　7, 8
弓野憲一　　70

Z

Zimmerman, B. J.　　16, 17

【執筆者紹介】
﨑濱秀行（さきはま・ひでゆき）
阪南大学経済学部准教授
名古屋大学大学院教育発達科学研究科教育心理学専攻博士課程後期課程単位取得退学
博士（教育心理学）
主要論文に，「字数制限は，書き手の文章産出活動にとって有益であるか？」（教育心理学研究，53, 62-73.），「字数制限文を繰り返し書くことが書き手の文章産出活動や産出文章に及ぼす影響」（日本教育工学会論文誌，32（Suppl.），129-132.）など。

文章産出スキル育成の心理学

2013年2月20日　初版第1刷発行　（定価はカヴァーに表示してあります）

著　者　﨑濱秀行
発行者　中西健夫
発行所　株式会社ナカニシヤ出版
〒606-8161　京都市左京区一乗寺木ノ本町15番地
Telephone　075-723-0111
Facsimile　075-723-0095
Website　http://www.nakanishiya.co.jp/
Email　iihon-ippai@nakanishiya.co.jp
郵便振替　01030-0-13128

装幀＝白沢　正／印刷・製本＝西濃印刷㈱
Printed in Japan.
Copyright © 2013 by H. Sakihama
ISBN978-4-7795-0732-8

本書のコピー，スキャン，デジタル化等の無断複製は著作権法上での例外を除き禁じられています。本書を代行業者等の第三者に依頼してスキャンやデジタル化することはたとえ個人や家庭内の利用であっても著作権法上認められておりません。